뉴 노멀을 넘어

팬데믹에 대한
인도네시아의 대응과 정동

엮고지은이

백원담 白元淡, Paik Won-dam
성공회대학교 동아시아연구소 소장, 일반대학원 국제문화연구학과 주임 교수, 인문융합자율학부 교수, 한국냉전학회 부회장. 논저로는 『신중국과 한국전쟁』, 『동아시아 문화의 생산과 조절』, 『냉전아시아의 문화풍경 I · II』, "The 60th anniversary of the Bandung Conference and Asia", 「냉전연구의 문화적 지역적 전화문제」 등이 있다.

이기웅 李起雄, Lee Kee-woong
성공회대학교 동아시아연구소 HK연구교수. 논저로는 『서울, 젠트리피케이션을 말한다』, 『아시아, 젠트리피케이션을 말한다』, 『변방의 사운드-모더니티와 아시안 팝의 전개 1960-2000』, 「서울의 젠트리피케이션과 대안적 도시운동의 부상」, 「팝 에로티카-육체, 관능, 사운드」 등이 있다.

멜라니 부디안타 Melani Budianta
국립인도네시아대학교 인문학부 교수(문학 및 문화연구 전공). 인터아시아문화연구학회 회원. 최근 연구관심은 도시와 농촌 캄풍의 문화운동이며, *Feminism in a Multicultural Arena : Notes from Indonesian Women's Activism, Indonesian Women Responses to Violence, Towards an Alternative concept of Human Security, Smart Kampung, Doing Cultural Studies in the Global South* 등의 저작이 있다.

뉴 노멀을 넘어
팬데믹에 대한 인도네시아의 대응과 정동

초판인쇄 2021년 5월 20일 **초판발행** 2021년 5월 30일
기획 성공회대학교 동아시아연구소 **엮고지은이** 백원담 · 이기웅 · 멜라니 부디안타
펴낸이 박성모 **펴낸곳** 소명출판 **출판등록** 제13-522호
주소 06643 서울시 서초구 서초중앙로6길 15, 2층
전화 02-585-7840 **팩스** 02-585-7848
전자우편 somyungbooks@daum.net **홈페이지** www.somyong.co.kr

값 13,000원 ⓒ 성공회대학교 산학협력단, 2021
ISBN 979-11-5905-619-2 93330

이 책은 2018년 대한민국 교육부와 한국연구재단의 지원을 받아 수행된 연구임
(NRF-2018S1A6A3A01080743)

성공회대학교
동아시아연구소
학술총서 ___ 3

뉴 노멀을 넘어

팬데믹에 대한
인도네시아의 대응과 정동

성공회대학교 동아시아연구소 기획
백원담 · 이기웅 · 멜라니 부디안타 편저

Beyond the New Normal
Affect and Response to the Pandemic in Indonesia

차례

1

인도네시아의 팬데믹 정치와 정동

이기웅

21세기 들어 우리는 사스, 신종플루, 메르스 등 일련의 치명적 바이러스 전염병의 발생을 목도해왔다. 그러나 현재의 코로나 바이러스는 그 규모, 영향, 심각성 면에서 가히 전례를 찾기 어렵다. 과거의 전염병들이 특정 지역 혹은 권역을 기반으로 창궐했다면, Covid-19는 진정한 의미에서 지구적 팬데믹이다. 그것이 초래하는 영향의 심도와 범위는 이제야 서서히 이해되기 시작하고 있다. 셀 수 없는 인명 피해와 고통이 지구적 수준에서 하루하루 발생하고 있다. 사람들은 목숨을 잃고, 직업을 잃고, 사람 사이의 접촉을 상실하고 있다. 우리는 익숙한 삶의 방식을 이어가지 못하는 데서 오는 심리적 중압감 속에서 지난 1년여를 지내왔다.

그러나 바이러스는 동시에 이전까지의 상상을 뛰어넘는 정도로 지배적 세계질서를 뒤흔들고, 새로운 미래의 가능성을 열어젖히고 있다. 아무런 거침 없이 승승장구하던 글로벌 자본주의는순식간에 제동이 걸렸고, 서양의 도덕적 / 문화적 헤게모니는 회복이 불가능할 정도로 손상을 입었다. 자연의 정복과 무한한 성장이라는 모더니티의기본 신념은 심각한 회의의 늪에 빠져들었다. 팬데믹이 보건 위기일 뿐 아니라 문명의 전환을 가져오는 예언이기도 하다는 학자와 비평가들의 진단은 이 점에서 매우 타당하게 들린다.

2020년의 공론장과 학문적 논의를 지배한 것은 온통 코로나 관련 의제였다. 현재의 동향에 대한 다양한 성찰, 현존 체제에 대한 근본적 비판, 대안적 세계에 대한 새로운 상상이 지속적으로 제시되고 토론되었다. 이러한 과정에서 현대 세계의 기본적 구성 원리들에 대한 근본적 재고가 이루어졌다. 자연과 문화의 파괴적 이분법, 지구화와 디지털 경제의 해악, 집합주의와 개인주의에 관한 재평가, 임박한 식량위기와 경제위기가 일깨운 풍요의 부질없음, 권리와 안전의 딜레마, 연대와 공동체 정치의 재등장, 새로운 세계 질서 설계의 긴급성 등 수많은 의제들이 쏟아져 나왔고, 전례 없이 진지하게 논의되었다.

서구의 쇠퇴에도 불구하고, 팬데믹 시대의 담론시장을 지배하고 의제를 주도하는 것은 여전히 북미와 서유럽 나라들이다. 다른 대륙이 침묵하고 있는 것은 아니지만, 그들의 목소리와 경험은 좀처럼 들려오지 않는다. 혹여 들려온다 해도 심도 있는 토론으로 이어지는 경우는 드물다. 성공회대학교 동아시아연구소에서는 이러한 상황을 타개할 방편의 하나로 2021년 2월부터 3월까지 세 차례에 걸쳐 아시아 석학 초청 웨비나시리즈를 기획하여, 팬데믹에 대한 아시아적 경험, 아시아적 관점, 아시아적 이해를 모색한 바 있다. 이 책은 그 세 번째 인도네시아 편의 기록이다. 국립인도네시아대학 멜라니 부디안타Melani Budianta 교수와 성공회대학교 동아시아연구소 백원담 소장의 대담을 담고 있고, 이에 대한 이해를 돕기 위해 관련 문헌을 모아 펴냈다.

2003년 설립 이래 동아시아연구소는 '아시아의 문화적 구성'이라는 의제 하에 지식의 생산과 교류를 통해 아시아를 관통하는 공동의 정체성, 공동체 및 미래의 수립에 복무해왔다. 아시아 석학 초청 웨비나 시리즈는 동아시아연구소의 새로운 이니셔티브로서 코로나 바이러스의 도전에 대한 각국의 경험과 대응의 공유 및 코로나 이후 세계에 대한 전망의 모색을 통해 팬데믹에 관한 상황적 지식을 생산하는 장을 마련한다는 목적에서 추진되었다.

동아시아연구소 웨비나 시리즈는 연구소 아젠다와의 연관 속에서 포스트지구화 세계 질서와 팬데믹의 정동이라는 두 주제에 초점을 맞춰 진행되었다. 포스트지구화 세계 질서와 관련해서는 코로나바이러스가 현재의 글로벌 체제에 문제를 제기하고 대안적 세계에 대한 비전의 생산을 본격 추동하고 있다는 점에 주목한다. 학자와 비평가들 사이의 합의는 낭비적, 파괴적, 착취적인 신자유주의적 자본주의가 더 이상 지속 가능하지 않다는 것에 모아지고 있다. 새로운 세계 질서에 대한 요구의 긴급성에 부응하여 다양한 기획들이 제출되었다. 여기에는 탈지구화, 권역화, 신자유주의를 탈각한 지구화, 심지어 새로운 공산주의까지 다기한 전망들이 포함된다. 아울러 팬데믹 상황 속에서 생태학적 요구가 정치의 전면으로 부상하였고, 보다 급진적이고 참여적인 민주주의의 필요성에 대한 강조도 이어지고 있다. 다양한 시나리오 중 어떤 것이 채택될지는 향후의 정치적 실천에 따라 결정될 것이다. 다만 현재의 관점에서 바로 지금이 포스트지구화의 미래를 설계할 절박한 시점이라는 점만은 명확한 것으로 보인다.

다음으로, 이른바 팬데믹 정국에서 정동이 의제의 중심으로부 상했다. 코로나 바이러스가 초래한 불확실성과 고립은 한 편으로 방향감 상실, 피로, 우울, 공포, 분노, 혐오 등으로 가득 찬 사회의 도래를 이끌었다. 그러나 다른 한 편으로 비상 상태는 인간의 긍정적 정동을 끌어내는 계기로도 작용했다. 신자유주의의 냉혹한 경쟁체제 속에서 무뎌진 혹은 주변화된 감각들, 즉 공동체와 연대의 감각, 타인에 대한 책임감, 타인의 고통에 대한 공감, 그리고 협력에 대한 감각 등이 코로나 위기를 맞아 새롭게 예민해지고 고도화되었다. 이들 정동을 다루고 관리하는 일이 코로나 정국에서 핵심적 중요성을 갖게 되었다. 나아가서, 강요된 고립과 일상화된 방역 실천 속에서 우리의 몸과 감각이 심대한 변화를 겪고 있다.

공사의 공간적 구분은 붕괴되었고, 마스크와 거리두기는 사회적 상호작용의 문법을 큰 폭으로 변경하고 있다. 해외여행이 장기간 중단되면서 우리의 시야는 지역으로 재정향된다. 이러한 변화를 이해하고 대응하는 것은 향후 새로운 세계를 설계하고 건설함에 있어 중요한 토대로 작용할 것이다.

이 책은 다음과 같은 내용으로 구성된다. 2장 '뉴 노멀을 넘어―팬데믹에 대한 인도네시아의 대응과 정동'은 대담에 앞서 발표된 멜라니 부디안타의 기조발제문이다. 여기서 부디안타는 인도네시아 맥락에서 '뉴 노멀'의 정치적 함의를 분석하고, 팬데믹에 대한 인도네시아 정부 및 사회의 대응에 관해 논의한다. 그는 인도네시아 정부의 부적절한 대응에 대해 비판하면서 이를 대체하고 보완하는 주체로서 아래로부터 공동체가 벌이는 활동에 주목한다. 공동체에 대한 관심과 애정은 부디안타의 대담과 저술을 관통하는 핵심 주제다. 3장 '마을공동체―포스트팬데믹 정치의 거점'은 부디안타와 백원담이 나눈 대담의 녹취록이다. 여기서 두 학자는 부디안타의 기조발제에서 제기된 일련의 논점들에 관해 보다 심도 깊은 토론을 진행한다. 대담은 팬데믹 상황에서 재등장한 국가에 대한 성찰, 집합주의 문화에 관한 평가, 그리고 대안정치의 거점으로서 마을공동체의 타당성에 관한 논의를 포함한다. 거시적 층위의 정치를 중시하는 백원담과 미시적 생활정치에 관심이 큰 부디안타의 차이는 때로는 긴장하며 때로는 보완하면서 대담의 내용을 풍성하게 한다.

4장 '흐름의 전환 – 미래 마을 문명의 구축'과 5장 '비상시국 – 팬데믹 시기의 여성과 예술'은 부디안타의 논문들로, 기조발제와 대담의 내용들을 보다 구체적인 맥락에서 이해할 수 있도록 하는 문헌들이다. 3장은 팬데믹 정치에 관한 부디안타의 성찰을 기록한 글이다. 그는 여기서 파괴적, 약탈적 신자유주의 지구화를 비판하며, 마을의 환경친화적 경제와 풍요로운 문화적 자원을 미래의 대안적 정치질서의 근간으로 삼아야 한다고 역설한다. 4장은 팬데믹 시기 여성 예술노동자의 상태에 초점을 맞춰 증대된 차별과 억압을 조명함과 동시에 정치적 각성과 연대를 통한 역능 강화의 이중적 과정을 서술한다.

팬데믹에 관한 부디안타의 연구에서 특히 흥미로운점은 모든 글이 팬데믹을 위기 혹은 절망적 상황으로서가 아니라 기회로서 접근한다는 점이다. 개인적 대화에서 부디안타는 자신의 이와 같은 낙관적, 긍정적 시각에 대해 인도네시아의 공동체 문화에서 영향 받은 것으로 추정한 바 있다. 인도네시아 사회에서는 어떠한 어려움도 "나 혼자만 겪는 것이 아니다"라는 믿음이 일반적으로 공유되어 있다고 한다. 그렇기 때문에 같은 처지의 타인들과 공감하고 서로의 도움을 기대한다는 것이다. 이 점은 어느덧 신자유주의적 개인주의가 뼛속까지 침투한 한국의 경우와 극명하게 대비된다. 이런 점에서 보면 고통과 시련의 정도는 그것의 물리적 크기에 못지 않게 그것을 혼자 감당한다고 느끼는지, 공동체와 나눠진다고 느끼는지에 따라 크게 달라진다고 할 수 있다. 부디안타의 글은 공동체 문화 혹은 공동체 기반의 집합주의가 팬데믹에 대한 대처를 넘어 새로운 질서를 상상하고 실현하는 긍정적 에너지로 활용될 수 있다는 메시지를 전달한다.

6장 '공정성 담론과 지구적 공거의 윤리'는 팬데믹에 대한 백원담의 성찰이다. 여기서 그는 인간과 자연의 공거를 포스트팬데믹 정치의 요체로 설정하고, 신자유주의 통치성의 파괴적 성격을 비판한다. 작은 공동체에 집중한 부디안타와 달리 그의 논의는 지구와 국가의 수준에서 이루어진다. 그는 특히 한국 사회에서 공정성이라는 용어가 신자유주의 통치성에 포획되어 어떻게 변질되었는지, 그리고 그것은 어떤 물질적 효과를 만들어내는지를 규명한다. 서로 전혀 다른 시각과 접근을 채택하고 있지만 두 학자의 지향점은 크게 다르지 않다는 것도 흥미로운 지점이다.

마지막 7장 '팬데믹, 국가, 집합주의'는 팬데믹 재난 상황을 배경으로 이 책의 주요 주제 중 하나인 신자유주의의 개인주의 이데올로기와 이른바 '아시아적' 집합주의를 비교하며, 후자에 대한 재평가를 촉구한다. 이기웅은 집합주의의 다양한 갈래를 구분함으로써 국가주의와 전체주의 같은 부정적 경향을 고립시키고, 아래로부터의 연대에 기반을 둔 민주적 풀뿌리 집합주의의 재구성을 제안한다.

2

뉴 노멀을 넘어

팬데믹에 대한 인도네시아의 대응과 정동

멜라니 부디안타

(한국어 번역 : 김지윤)

들어가며

팬데믹의 여파가 사회 전반에서 감지되면서, 2020년 5월 조코
위Joko Widodo 대통령에 의해 '뉴 노멀new normal'이라는 용어가 인도
네시아에 처음 등장했다. 이는 시민들이 전염병 예방 수칙을 잘
지킨다면 인도네시아가 곧 '정상성'으로 복귀할 것임을 의미했다.
그러나 같은 해 7월 보건부장관은 이는 "새로운 방식에 대한 적
응"이어야 한다며 의미를 정정했다. 의미에 대한 해석은 약간씩
달랐지만 대체로 뉴 노멀은 코로나-19 이후의 미래에 대한 기대
를 표현하고 있었다 *The Jakarta Post*, 2020.7.11.

인도네시아의 팬데믹 상황에 대한 정동과 응답에 대한 논의를

하게 될 이 발표에서 나는 뉴 노멀이라는 용어에 대한 비판적인 시각을 제시할 것이다. 팬데믹 기간 동안 드러난 다층적 차원의 위기들은 일종의 거울 혹은 판도라 상자로서 인도네시아뿐만 아니라 전 세계가 마주하고 문제들을 드러내는 역할을 했다. 인도네시아 정부의 팬데믹에 대한 초기 반응은 매우 자조적이어서 초기의 부실했던 대응과 오류들을 무마하려고만 하였다.

2019년 12월 중국 우한에서 처음 코로나-19 바이러스에 의한 감염이 확인되고 여러 달에 걸쳐 다른 국가들로 확산되면서, 인도네시아에서는 3월에 이르러서야 첫 감염 사례가 확인되었다. 이는 보건부의 관계자들이 여러 달 동안 감염 가능성을 부인하다가 공식적으로 인정한 첫 사례였다. 이미 인도네시아와 우한 그리고 감염률이 높은 인접국들 간에 꽤 많은 교류가 있던 상황이었기 때문에 외부 전문가들은 이전부터 국내 감염의 가능성을 우려하고 있었다. 정부 관계자들은 이러한 우려와 질문에 대해 방어적이고 강경한 태도를 보였다. 정부 관계자들이 2월 말까지 국내 감염 가능성을 부인했던 근거에는 열대 기후, 건강한 라이프스타일, 국경과 항만에 대한 감시체계의 작동, 그리고 '신의 보호'가 있었다. 보건부 장관은 심지어 코로나-19는 일반적인 독감보다 위험하지 않으며 특별한 치료 없이도 회복된다며 그 위험성을 과소평가했다.*Detik Health*, 2020.2.20.

그러나 자카르타에서 처음 두 건의 감염 사례가 보고된 지 한 달

만에, 코로나-19바이러스는 34개 지역으로 퍼졌는데 이는 그 이전에 보고되지 않은 감염 사례들이 이미 지역에 퍼져 있었음을 반증한다. 이후 감염자와 사망자 수는 꾸준히 증가했고 정부가 첫 감염 사례를 인정한 지 일 년 만인, 2021년 3월 21일 기준으로 146만 명의 감염 사례 중 3만 9천여 명의 사망자를 기록하고 있다.

지난 일 년 동안 팬데믹은 질병과 직접적 관련이 없는 무수한 문제들을 발생시켰다. 국가개발계획부the Ministry of National Development Planning에 따르면 실업자는 물론이고 주로 제조업과 관광업에 종사하는 2천 400만 명에 이르는 노동자들의 노동 시간이 절반으로 줄었고 이는 총 360조 루피아(240억 달러)에 이르는 경제적 가치의 손실이었다. 임금 손실 등으로 인도네시아 경제는 총 GDP 중 약 1,000조 루피아의 손실을 보게 되었다Kompas TV, 2021.1.21. 경제적 손실 외에도, 정부의 일방적인 하향식 정책, 일관성 없는 방역 대책, 시민사회와의 관계에서 드러난 문제들로 인해 사회적, 경제적 소요사태가 발생했다.

자카르타의 인도네시아 국립대학에서 강의를 하는 연구자로서 2021년 3월 21일을 기준으로 강의를 온라인으로 전환한 지 정확히 일 년이 되었다. 교실에서 온라인으로의 수업 전환은 모두에게 또다른 배움의 경험이었다. 온라인 수업 준비와 학사를 운영하기 위한 행정을 온라인으로 진행하는 것은 상당한 시간의 낭비였다. 업무 시간은 항상 초과되어 주말에도 일을 해야 했고 항상 강한 업무 압박을 느꼈다. 학생들 역시 적응하기 위해 분투했다. 작년 이맘때쯤, 학생들은 모두 고향이나 자신의 집이 있는 마을로 돌아가도록 지도받았다. 학생들은 자카르타뿐만 아니라 인도네시아 전역에서 왔기 때문에 이들의 마을은 서쪽의 수마트라, 북쪽의 칼리만탄, 그리고 동쪽의 누사텡가라와 파푸아에까지 이른다. 아주 외진 지역에서 온 학생들은 인터넷과 관련 시설 이용에 대한 접근이 매우 제한되었고 환경에 따라 각자 차별화된 사회적 조건과 맥락에 놓이게 되었다. 전반적으로 다수의 학생들이 온라인 환경에 적응하는 데 어려움을 겪었고 가족이나 다른 사회적 조건들 때문에 정신 건강 상의 문제를 호소하기도 했다.

사회적 그리고 디지털 복잡성

캠퍼스에서의 나의 경험은 인도네시아 사회의 전반적인 문제와 무관하지 않다. 인도네시아는 문화적 그리고 인구학적으로 매우 혼종적이다. 천여 개의 민족으로 구성된 2억 7천만 명의 인구가 1만 7천여 개의 섬에 거주하고 있으며 전체 영토는 세 개의 서로 다른 표준 시간대에 걸쳐 있다. 이러한 조건들은 팬데믹의 관리에 가장 큰 어려움이 되고 있다. 중심부의 자바섬과 그 외곽의 섬들, 특히 동부에 위치한 섬들 간에 제공되는 공공 시설과 서비스의 격차는 오랫동안 지속된 문제이다. 지난 4년간 조코위정부에 의해 추진된 외곽 섬들을 대상으로 한 인프라 구축 계획에도 불구하고 이 격차는 여전히 줄어들지 않고 있다. 자바의 대도시들에서도 중심부의 코스모폴리탄 지역들과 주변부에 소외된 도시들에 펼쳐져 있는 저개발된 지역들인 깜풍kampung 간의 격차가 존재한다. 이런 상황에서 인도네시아 중앙 정부가 발표하는 팬데믹에 대비한 하향식의 단일화된 정책들이 제대로 작동할 리 없다.

또 다른 도전은 이 거대한 전체 국민들에게 팬데믹과 관련하여 정부가 승인한 공인된 정보를 전파하는 것이 쉽지 않다는 점이다. 인도네시아인들의 흥미로운 점은 읽고 쓰는 능력과 비판적 독해력은 낮은 반면, 소셜 미디어의 이용률은 매우 높다는 점이다. 고등학교 교육까지 의무교육이지만 전체 인구의 37.32%만이 읽기가 가능하다. 반면 1억 명의 스마트폰 사용자를 기록하고 있으며 소셜미디어와 관련 디지털 기기의 이용률도 매우 높게 나타난다 Kominfo, 2017.10.10. 중국의 우한에서 감염 사례가 보고된이래, 인도네시아의 소셜 미디어에는 코로나-19와 관련된 허위 정보와 확인되지 않은 의료 정보 및 치료나 예방법에 관한 가짜 뉴스와 음모론이 넘쳐났다. 이런 상황에서 정부가 발표하는 의학 정보나 외신 뉴스들은 소셜 미디어의 넘쳐나는 뉴스들에 의해 묻혀버렸다.

상황을 악화시킨 건, 1998년 민주화혁명 이후 그리고 지난 대통령 선거 및 지방 선거에서 심화된 정치적 분화였다. 1998년 이후 보수 우파의 강세는 종교적으로 온건한 다수가 차지하는 인도네시아에서 다양한 그룹들 간에 정치적 긴장감을 고조시키고 있다. 이러한 정세는 사회적 불신을 초래하고 질병과 싸우기 위한 단일화된 정부와의 의사소통을 어렵게 했다.

정동과 문화적 충격

문화적 그리고 정치적 차이에도 불구하고 인도네시아에서 다양한 그룹들을 하나로 만들 수 있는 건 사회적 친목을 중요시하는 관습과 공동체주의다. 가족, 친족, 이웃과 긴밀히 지내고 유대감을 형성하는 것은 필요에 의한 것이기도 했고 다양한 지역 전통 및 축제를 위해서도 항상 중요하게 여겨졌다. 타 도시에 나가 있던 이들도 이슬람의 주요 축제일인 이드를 맞이하기 위해 매년 고향으로 돌아오는게 관습이다. 자녀와 부모, 동성 친구들 간의 신체 접촉과 물리적 가까움은 사회적으로 기꺼이 수용되는 규범이다.

이런 맥락에서 팬데믹 기간 동안 강제된 보건 수칙 중 특히 사회적 거리두기는 일반 대중이 짧은 시간 내에 받아들이기에는 문화적인 충격이었다. 손키스는 존경받는 연장자나 높은 지위에 있는 이에게 존경을 표현하는 행위이고, 함께하는 식사는 사회적, 심리적 연대를 위해 필요한 것이며, 농촌 마을의 집과 도시의 직장사이를 정기적으로 오가는 것은 가족을 사회경제적으로 유지하는 데 필수적인 이동이었다. 이러한 모든 행위들은 '모범적인' 시민으로서 해야 하는 일이었는데, 이 모든 행위들이 갑자기 금지되고 처벌의 대상이 된 것이다.

가장 받아들이기 어려운 것은 사망자에 대한 의료 수칙이었다. 다양한 민족과 지역 공동체는 종교에 따라 각각 다른 장례 의례가 있다. 사랑하는 사람에 대한 의무를 수행 할 수 없다는 것은 일반적으로 누구에게나 가장 견디기 어려운 일이지만 특히 인도네시아인에게 그러하다. 사망자가 코로나-19에 양성반응이 나오고 이 때문에 관련 의료 수칙에 따라야 했을 때, 여러 지역에서 경찰, 의료 당국자 그리고 병원에 대한 저항과 갈등이 발생했다. 사람들은 사망한 가족의 사체를 훔치거나 무력으로 병원에서 옮겨 장례를 치르기도 하였다. 이들의 행위는 코로나-19 바이러스는 거짓이며 의료업계의 이익을 위해 꾸며진 것이라는 가짜 뉴스에 의해 정당화되었다. 그 결과 경찰에 의해 행해진 엄격한 의료 수칙들은 여러 곳에서 사람들의 감정적 폭발과 물리적 저항을 불러일으키는 경우가 많았다.

이러한 '군대식'의 가혹한 방역 수칙들을 바로잡기 위해 토착 언어를 사용하면서 좀 더 지역의 정서에 부합할 수 있는 지역 지도자들의 지원을 받는 문화적인 접근이 절실히 필요하다. 현재 나는 코로나-19 예방을 위한 적절한 행동양식을 고안하기 위해 좀 더 인간 중심적이고 문화적으로 친숙한 접근을 할 수 있는 학제 간 그리고 분과 학문을 초월한 프로젝트에 참여하고 있다.

생태적재난과 사람들의 환경의식

환태평양 화산대에 위치한 인도네시아는 지난 일 년간 수많은 자연 재해를 경험했고 이는 코로나-19의 국면을 더욱 악화시켰다. 2020년 내내 그리고 2021년 초까지 홍수, 지진, 쓰나미, 화산 폭발, 산사태 등 팬데믹 외에도 '비정상적인' 자연재해가 발생했다Rinaldi, 2021.1.20. 인도네시아의 중앙재해대책기관BNBP에 의하면 2020년 2월 이후 일 년간 3천 253번의 재해가 발생했다Suara.com, 2021.3.3. 가장 빈번히 발생한 재해는 홍수와 산사태이며 중앙 정부는 피해자들의 고통을 줄이기 위해 최선을 다하려 했지만 팬데믹의 영향과 결합된 피해는 매우 심각했다. 이러한 재난들은 인간이 초래한 착취적이며 생태적으로 위험한 개발이 어떻게 대규모의 산림 파괴와 같은 심각한 환경 문제로 이어질 수 있는지에 대한 논의를 촉발시켰다.

최근까지도 인도네시아 정부는 생태 문제에 대해서 소극적이고 임시방편적인 정책과 기존 규제의 강화 등을 제안하는 것 외에는 큰 정책상 변화를 보여주지 않았다. 그나마 변화는 공동체나 지역

수준 그리고 개인들의 일상 수준에서 발견할 수 있었다. 2020년부터 생태 효소를 쓰레기 처리에 활용하려는 에코 엔자임the Eco Enzyme 프로젝트에 동참하는 공동체 운동이 확대되었다. 킨KEEN, Komunitas Eco Enzym Nusantara 또는 누산타라 에코 엔자임The Nusantara Eco Enzyme이라는 이름의 공동체 운동은 5천 568명의 페이스북Facebook 사용자를 모아 주방에서 나오는 쓰레기 및 유기 폐기물을 살균제, 주방 세제, 식물 비료 등을 만들 수 있는 다목적 발효액으로 만드는 데 동참하게 했다Setyaka, 2020.10.20. 인도네시아에서 생태 효소에 대한 인식이 보급된 데에는 동남아시아 국가들 간의 연대가 큰 역할을 했다. 1980년대 생태 효소를 처음 발견한 이는 태국 과학자 로수꼰Dr. Rosukon Poompanvong이었고, 이후 말레이시아의 자연 요법 의사 운Dr. Jooean Oon에게 전수되었다. 인도네시아에서는바탐의 베라 탄Vera Tan 박사가 태국의 로수꼰 박사로부터 직접 배운후 가족과 지역 사회에 이 시스템을 가르쳤다. 이 유기 폐기물의 발효가 인도네시아에 알려진 지는 십 년 이상 되었지만 이제서야 팬데믹 상황이 그 보급을 가속화했다. 이 운동에서 주목해야 할 점은 공동체주의적인 가치관과 생태학적 인식이다. 관심있는 이들에게는 자원 활동가들이 온라인과 오프라인에서 무료 워크샵을 제공했다. 대가 없이 관련 지식과 제품을 공유했고 그 결과 전체 쓰레기 배출량의 70퍼센트를 차지하는 가정의 쓰레기 배출량이 감소했으며 결과적으로 지구를 살리고 있는 것이다. 팬데믹 국면에서 경찰 및 지방정부와의 협조 아래 다양한 사회 조직들이 에코 엔자임에서 만든 소독제를 사용하여 공공 장소에서 바이러스 확산을 줄이는 데 사용했다. 다른 나라들에서 이미 적용되고 있는 쓰레기 분리 배출 시스템도 최근에 인도네시아 도시들의 가장 작은 행정구역(RT 또는 RW) 단위에서부터 점차 시행되고 있다.

팬데믹 상황에서의 문화 운동과 공동체 운동

앞서 논의한 바와 같이 인도네시아 정부는 팬데믹 상황에 대응하는 데 많은 어려움을 갖고 있다. 중앙 집권적이며 하향식 정책 외에도 부처 간 의견 조정 과정에도 문제가 있다. 만연한 부패 문제는 소외된 지역과 최저 빈곤층 그리고 팬데믹의 여파로 직장을 잃은 많은 이들에 대한 긴급 현금 구호 전달을 어렵게 했다. 정부에 대한 불신은 가짜 뉴스와 정치적 파벌화로 가중되었고 이로 인해 정부가 전염병의 다차원적 측면을 다루는 데 어려움을 겪고 있다. 이러한 전반적인 악조건들에도 불구하고 정부의 소규모 부처들은 시민 사회의 새로운 시도들을 지원하려는 움직임을 보여주고 있다.

2020년부터 지금까지의 이 어려운 상황에서 한 가지 긍정적인 현상은 위기 극복을 위해 인도네시아 전역에서 공동체 기반의 운동이 꾸준히 발생하고 있다는 점이다. 이러한 새로운 시도들은 위기로 인해 가장 큰 영향을 받았던 여성, 예술문화 그룹들 그리고 깜풍 네트워크에서 시작되었다. 여성에 대한 반폭력국가위원회the National Commission on Anti-Violence Against Women는 팬데믹 상황에서 가파른 가정 폭력의 증가세를 보고해왔다. 지난 수십 년간, 젠더 문제가 사회의 주요 의제로 다뤄져 왔지만, 가부장제는 인도네시아 사회를 구성하는 다양한 민족 집단 내에서 여전히 지배적이다. 여성은 일반적으로 직업과 개인의 목표를 추구 할 자유가 있지만, 여전히 가사일과 자녀 교육을 책임져야 하는 두 배의 부담을 안고 있다. 민주화 혁명 이후 지난 20여 년간 종교적 보수주의의 부상으로 여성의 권리 신장에 대한 반대 움직임이 있었다. 조혼을 권장하고 특정 지역에서는 현지 법률에 따라 여성의 복장과 이동을 제한하는 등 여성에 대한 제약들이 증가하고 있다. 이러한 상황에서도 여성들은 꾸준히 새로운 시도들을 해왔고 팬데믹 상황에서 가장 피해가 심했던 공동체를 중심으로 연대 운동과 사회 활동을 이어왔다. 인도네시아의 가장 저명한 여성주의 저널인 뻬렘뿌안Perempuan은 특집호에서 팬데믹 기간 동안 여성들의 수행성에 대해 기록했다Jurnal Perempuan, 2020. 그 사례 중 하나인 아이샤 앤 심뿔라히마Aisyah and Simpul Rahima는 이슬람 여성 신학자들의 네트워크로서 젠더 의식에 대해 가르치는 온라인 포럼을 진행하고 생약 생산을 통해 여성들이 자립할 수 있는 조합 설립을 돕는 일을 하고 있다. 여성 예술인 네트워크는 팬데믹 상황에서 가장 취약한 상태에 놓인 여성 예술가들의 상태를 '비상시국'으로 정의하면서 예술계는 물론 사회 전반에서 여성의 지위 향상에 대한 각성을 촉구하는 정기적인 포럼을 개최하였다Budianta, 2021.

팬데믹이 예술계에 미친 피해는 특히 많은 행사가 취소된 공연 예술계에 집중되었다. 농촌지역에서는 전통예술에 종사해온 공연 예술가들이 집단적으로 수행했던 가믈란 같은 전통 음악연주단이나 그림자극 등의 공연이 사회적 거리두기와 이동 및행사를 제한하는 여러 정책들로 인해 가장 큰 타격을 받았다. 많은 이들이 생계를 위해 일만 주어진다면 무슨 일이든 하거나 집에서 만든 요리를 내다 팔아야 했다. 그러나 한편에서는 이들이 가장 먼저 정부 조직이 할 수 없었던 역할을 하고 있다. 바로 문화적 접근을 통한 '정동적 역할'을 한 것이다. 유머, 아이러니, 그 외에 여러 창조적인 표현 방식을 통해 다양한 민족의 토착 언어까지도 아우르는 온라인 공연과 영상제작 작업을 한 것이다. 여기서 이러한 정동적 역할을 가장 적극적이며 성공적으로 지원한 정부의 두 부처의 성과에 대해 언급할 필요가 있다. 문화교육부 산하 문화총국과 관광 및 창조경제부 산하의 창조경제총국이다. 이 두 부처는 팬데믹으로 인해 증가한 재택근무로 억눌렸던 창조적 에너지를 촉발시키는 데 성공적인 기여를 했다. 이들이 지원한 '집에서 글쓰기' 그리고 '집에서 공연하기'와 같은 공모전에 수천 개의 작품이 제출되었고 그중 수백 개의 작품이 선정되어 상을 받았다. 2020~2021

년 동안 이들 부처가 후원하거나 커뮤니티 혹은 개인이 자체적으로 온라인 형태로 출판한 수십 개의 창의적인 소설들도 출판되었다Budianta, 2020a.

소셜미디어를 적극 활용한 활동들도 도시의 깜풍과 농촌의 공동체 마을에서 증가했다. 비공식적인 네트워크 기반 공동체는 인도네시아의 여러 지역 마을에서 온 공동체의 대표와 문화 활동가, 비공식적 지도자들과의 교류를 가능하게 했다. 다수의 참가자가 자바에 기반을 두고 있지만 수마트라, 칼리만탄 및 동부의 외진 섬들의 마을에서도 참여했다. 이들은 팬데믹 시기에 어떻게 공동체 기반의 자원들을 적극 활용하여 생존할 수 있을지에 대한 전략과 정보들을 공유한다.이들 중 다수는 곡식 창고를 의미하는 '룸붕 lumbung'이라는 용어를 공동체 자원의 저장고라는 은유로서 사용하고 있다. 도시 농업,식량 자급자족, 자본주의적 시장 거래 시스템에 대한 대안과 관련된 조언 등을 교환하기도 한다. 그리고 지역에서 생산된 제품들의 홍보를 위해 소셜 미디어를 활용하기도 한다.

팬데믹 시기에 이 마을 네트워크는 마을 의회Village Congress를 개최하여 21개의 보고서를 온라인에 공개했다. 이 마을 의회는 도시화나 농촌 재개발 등의 신자유주의적 의제들을 생태적이고 공동체 중심의 의제로 전환하고 여기에 마을이 중심적인 역할을 해야 함을 강조했다Budianta, 2020b. 이 의회와 다양한 마을들의 새로운 시도들은 정부의 관련 부처the Ministry of Village and Disadvantaged Region의 적극적인 도움을 받았다. 이러한 국가와 시민 사회 간의 관계는 그럼에도 불구하고 대개는 불안정한데 그 이유는 주도적이고 진보적인 공무원들도 정권이 교체될 때마다 교체되는 경우가 많기 때문이다.

'뉴 노멀'을 넘어서 – 미래에 대한 기대

팬데믹 이후 일 년, 인도네시아는 아직 새로운 정상성에 이르지 못했음이 분명하다. 팬데믹 상황은 제대로 통제되지 못하고 있을 뿐만 아니라, 정상성이라는 개념 역시 여성, 문화예술 종사자들, 그리고 마을 운동가들의 비판적 목소리에 의해 도전받고 있다. 환경을 파괴하고 공동체의 문화 유산을 빼앗고, 여성과 소수자들을 주변부로 몰아냈던 신자유주의적 확장과 소비주의가 지배적이던 상황은 이들 그룹이 돌아가고 싶은 뉴 노멀이 아니라 그 자체가 비상적인 상황이었다.

한편으로는 팬데믹 시기에 정부의 몇몇 부처와 시민 사회 간의 긍정적인 시너지 효과를 경험하기도 했지만 인도네시아 정부와 전 세계가 팬데믹 이후 전면적인 변화를 맞이할 것인지는 아직 알 수 없다. 이 '제3세계'에서 사람들 간의 상호작용은 새로운 대안을 만들어낼 수 있을까? 소규모 수준에서 공동체 기반의 식량 자급자족과 문화적 회복력을 강화하는 실험들이 있었다. 동남아시아 국가들 간의 에코 엔자임 운동을 위한 연대는 비록 작은 영향력이지만 풀뿌리 조직들이 서로 지식을 공유하고 새로운 생태 의식을 전파하는 데 영향을 미쳤고 작지만 중요한 친환경적 변화를 가져왔다. 독립 이래 인도네시아는 협동조합시스템을 실험해 왔는데 대부분 신자유주의적 자본주의 시스템에 종속되는 결과를 낳았다. 농촌 공동체를 중심으로 협동조합을 다시 부흥시키려는 시도들이 있었고 지방 정부가 협조적이기는 했지만 아직은 이미 굳건히 자리잡은 신자유주의적 시스템에 대한 대안에 이르지는 못하고 소수의 지역에서 이를 보완하는 역할을 하고 있다.

아직 이 터널의 끝에 빛이 보이지는 않지만, 팬데믹으로 인해 강화된 새로운 사회문화 운동들의 정신은 하나의 희망을 제시한다. 아직 접근성 자체와 불평등적 요소가 내재하고 있기는 하지만, 디지털 공간은 많은 활동가들이 인도네시아 전역을 연결하고 새로운 전략을 구상하게 하는 데 큰 도움이 되었다. 성공회대학교 동아시아연구소에서 주최하는 웨비나 시리즈를 비롯, 아시아와 전세계의 사람들을 연결하는 다양한 디지털 포럼들을 통해 하나의 국가에서 시작한 이런 작은 시도들이 다른 국가들에서도 새롭고 창의적인 시도들로 이어지기를 바라며 글로벌 미래의 퍼즐들을 새롭게 재구성하는 데 기여하기를 바란다.

참고문헌

Budianta, Melani(2020a), "Tsunami Sastra di Tengah Corona"(Literary Tsunami amid the Corona), *The Conversation* 4 December, 2020. https://theconversation.com/tsunami-sastra-di-tengah-corona -150548

Budianta, Melani(2020b), "Arus Balik : Peradaban Desa di Masa Depan", Arah Tatanan Baru : Hidup di Era Pandemi dan Sesudahnya (Reverse Currents : Village Civilization inthe Future, in The New Orientation in the Pandemic and After) ed. Dadang Ari Warsono, *Sanggar Inovasi Desa*, 2020, hal 1-18.

Budianta, Melani(2021) "Women and the Pandemic"(working draft).

Detik Health(20 February, 2020) "5 Alasan Virus Corona Wuhan Ogah Masuk Indonesia"(5 Reason Wuhan Corona Virus Refrained from Entering Indonesia). https://health.detik.com/berita-detikhealth/d-4892109/5-ala-san-virus-corona-wuhan-ogah-masuk-indonesia/1

Kominfo(10 October, 2017), Ministry of Communication and Technology : "Teknologi Masyarakat Indonesia : Malas Baca tapi Cerewet di Medsos"(Indonesian Society and Technology : Easy to read read but active in social media). https://www.kominfo.go.id/content/detail/10862/teknologi-m asyarakat-indonesia-malas-baca-tapi-cerewet-di-medsos/0/s orotan_media

Kompas TV(21 January, 2021), "Bappenas : Kerugian Akibat Pandemi Covid-19 Capai Rp1.000 Triliun"(Ministry of National Develop-ment Planning : The Loss due to Covid 19 Pandemic reached Rp. 1,000 trillions).

https://www.kompas.tv/article/140037/bappenas-kerugian-akibat-pandemi-covid-19-capai-rp1-000-triliun?page=2

Rinaldi, Erwin(20 January, 2021), "Indonesia's latest natural disasters are a 'wake-upcall', environmentalists say", ABC NewsNet.
https://www.abc.net.au/news/2021-01-22/indonesia-hit-by-series-of-disasters-in-the-first-weeks-of-2021/13075930

Setyaka,Virtuous(20 October, 2020), "Eco Enzyme Nusantara : Setahun Gerakan Merawat Bumidari Rumah Tangga di Indonesia"(NusantaraEco Enzym : One year Anniversary of the Earth Care Movement), Kabar Kampus.
https://kabarkampus.com/2020/10/eco-enzyme-nusantara-setahun-gerakan-merawat-bumi-dari-rumah-tangga-di-Indonesia/

Suara.com(3 March, 2021), "Ketua BNPB Sebut 3253 Bencana Alam Terjadi di Indonesia Selama Setahun" (Head of the BNPB mentioned 3253 NaturalDisasters in Indonesia in One Year).
http://suara.com/news/2021/03/03/14629/ketua-bnpb-sebut-3253-bencana-alam-terjadi-di-indonesia-selama-setahun

The Jakarta Post(11 July, 2020), "Indonesia shifts from 'new normal' to 'adapting to new habits'.
https://www.thejakartapost.com/news/2020/07/11/indonesia-shifts-from-new-normal-to-adapting-to-new-habits.html

3

/ 대담 /

마을공동체
포스트팬데믹 정치의 거점

사회 : 이기웅

대담 : 멜라니 부디안타 × 백원담

○이기웅

지금부터 성공회대학교 동아시아연구소 해외석학 초청 웨비나 시리즈 포스트지구화 세계질서와 아시아 팬데믹 정동 그 세 번째 순서로 국립 인도네시아대학교 멜라니 부디안타 교수님을 모시고 '뉴 노멀을 넘어-팬데믹에 대한 인도네시아의 대응과 정동'이라는 제목으로 우리 연구소 백원담 소장님의 대담을 시작하도록 하겠습니다.

일단 중요하지만 가벼운 질문으로 시작할까 합니다. 팬데믹에 대한 개인적 경험인데요. 우리가 함께 겪고 있다시피 지난 1년 동안 인류 전체가 전례 없는 규모와 속도의 팬데믹에서 헤어나지 못해 왔고, 지금도 당분간은 그럴 가능성이 보이지 않습니다. 이러한 맥락에서 지난 1년을 회고하실 때 코로나 위기라는 것이 개인적인 차원에서 어떤 경험으로 다가오셨는지. 그리고 그 과정에서 얻으신 통찰이 있다면 어떤 것인지 함께 나눠 주시면 감사하겠습니다. 이와 함께 두 분께서 속하신 사회의 수준에서도 각 나라의 국민 혹은 시민들이 이 상황을 공동체 차원에서 어떻게 받아들이고 대응해 왔는지, 어떤 것이 주된 문제로 대두되었는지 이런 내용을 중심으로 논의를 진행해 주셨으면 합니다.

멜라니 선생님 먼저 하실까요.

○ 멜라니 부디안타

제게 있어서는 팬데믹이라는 것이 비판적 성찰을 해 볼 기회가 되었습니다. 제 개인적인 라이프 스타일도 바꿔보고 조금 더 심플하게 살아보기, 그리고 지구살리기 운동Save the Earth Movement에도 참여하게 되었습니다. 그래서 제가 재택근무를 하면서 저의 가정생활부터 바꿔 보았습니다. 내가 소비하는 방식, 예를 들어 음식쓰레기를 처리하는 방식을 좀 더 생산적으로 바꿔보고자, 에코 엔자임을 직접 합성해서 커뮤니티에서도 활용할 수 있게 했습니다. 이런 방식으로 팬데믹 동안에 제 자신의 생활양식에 변화를 꾀하여보았다는 것이 그 한 가지입니다.

두 번째는 제가 연구실에 출근해서 일하는 방식에서 학생 지도나 연구를 온라인 방식으로 바꾸게 된 것인데, 이게 사실 쉬운 일은 아니었습니다. 재택근무를 한다는 것 그리고 온라인으로 강의를 하는 게 훨씬 더 시간이 많이 걸리기 때문입니다. 이와 동시에 제 지인들, 친구들과 디지털로 계속 연결을 시도했습니다. 컴퓨터 앞에 앉아서 혹은 휴대폰으로 과거에 하지 않았던 많은 일을 새롭게 시도하는 제 자신을 발견했습니다. 이러한 점은 긍정적이라고 할 수 있겠죠. 저는 지금 캄퐁 이니셔티브 같은 경우에도 온라인으로 계속 함께하고 있습니다. 디지털 네트워킹을 통해 상시적으로 접속하고 있어서 이들의 어려움을 조금 더 잘 이해할 수 있게 된 것 같습니다.

인도네시아 사회의 맥락에서 보았을 때, 초기 반응은 공포와 패닉이었습니다. 그래서 사재기 현상도 일부 있었고요. 일각에서는 일종의 운명론적 태도가 나타나기도 했습니다. '될 대로 되라'라는 것입니다. "아, 이제는 팬데믹에 대해서는 생각도 하기 싫다. 그냥 나는 아무 일도 일어나지 않은 것처럼 자유롭게 살고 자유롭게 돌아다니고 싶다." 사실 인도네시아에서는 바로 이러한 마인드가 방역에 가장 큰 어려움이었다고 할 수 있습니다. 이런 태도는 오래지 않아 다소 누그러졌습니다. 그런데 이는 방역의 성공에서 기인한 것이 아니라, 바이러스가 가시적이지 않아서 직접적 위협으로 여겨지지 않았던 점, 그리고 동시에 가짜뉴스, 잘못된 정보가 횡행한 데서 비롯된 측면이 큽니다. "(팬데믹은) 미디어가 만들어낸 거다. 정부가 조작한 거다" 혹은 "제약업계에서 꾸며낸 거다"
이런 가짜뉴스의 영향이 상당히 컸습니다.

그래서 이와 관련해서도 대처가 필요했습니다. 사람들이 실상
에 대해 좀 더 정확히 이해하고 준비를 갖출 수 있도록 교육을 시
킬 필요도 있었습니다. 그래서 저는 의과대학, 공공보건, 인류학
분야의 동료들과 함께 이러한 교육 자료도 만들고 보급하는 일을
해왔습니다. 이를 정부 주도의 탑다운 방식이 아니라 좀 더 문화
적으로 적합하게, 사람들과 친숙하게 소통할 수 있는 방식으로 만
들고자 했습니다. 저희의 이런 활동이 팬데믹에 대한 대응을 개선
할 수 있기 바랍니다.

○ 백원담

저는 원래 중국 전공자인데 작년에 중국 우한에서 코로나가 발
생했다는 것 때문에 중국에 대한 새로운 고민이 생겼습니다. 사실
작년에 제가 안식년이었어요. 그래서 독일 베를린자유대학에 가
기로 했고 일단 3월 1일 떠나기로 했는데 못 갔죠. 그런데 당시 대
학 측이나 주변 친구들이 하는 이야기가, "가지 마라. 거기 아시아
에 대한, 특히 여성에 대한 혐오가 굉장히 심하다. 길거리에서 린
치를 당할 수도 있고 상당히 문제가 있을 수 있다. 그러니 가지 마
라"라는 것이었습니다. 그래서 못 갔고, 다시 고민을 하게 되었죠.

저는 기본적으로 이 코로나 팬데믹이라고 하는 것은 신자유주

의 축적체제와 그것의 통치성이 낳은 모순이 돌출한 것이라고 봅니다. 그런 점에서 자본주의적 근대에 대한 발본적 성찰이 있어야 되겠다는 생각을 하게 되었습니다.

이 문제는 저의 개인적 경험과도 밀접하게 연관되는데, 제가 저희 집 맏딸입니다. 저희 부모님이 다 편찮으셔서 지난 몇 년 동안 돌봄노동을 해왔습니다. 그런데 안식년과 팬데믹이 중첩된 지난 1년 동안의 시간은 그 이전의 삶의 경험과는 크게 다른 것이었습니다. 직업적 책임에서 벗어나 돌봄노동에 전념하게 되면서 방역에 대한 관심이 커졌고, 가정 내에서 이를 담당하는 여성의 삶에 대해 온몸으로 느끼게 되었습니다. 그러면서 이것을 개인적 노동으로 대처할 수밖에 없는 상황에 대한 문제의식이 강해졌습니다. 사회적이고 공식적인 수준에서 노인 건강에 대한 정책적 지원이 미흡하기 때문에 이것을 전적으로 자녀가 책임져야 하는 경험을 하면서 개인적으로 느끼는 점이 상당히 많았던 것 같습니다.

사실 한국이 K-방역이니 뭐니 해서 방역의 성공적 사례로 세계적인 관심을 받고 있지만 내부를 들여다보면 엄청난 문제점들이 드러나기 시작했죠. 무엇보다도 공공의료 체계가 굉장히 미흡하다는 것을 새삼 확인하게 되었다는 점, 그리고 신자유주의적 축적 체계의 가장 큰 문제가 신자유주의적 통치성의 내재화인데 그것이 결국 교육을 호모 이코노미쿠스homo economicus적 인적 자본을 개발하는 차원으로 축소시켜왔기 때문에, 공정성 담론이 각자도생과 자기경영의 논리로 왜곡되면서 사회적 갈등을 야기하는 현상이 반복적으로 나타나고 있습니다.

그렇다면 현 상황에서 국가를 어떻게 생각할 것인가? 신자유주의적 지구화라는 지배적 세계질서는 작은 정부를 절대 선으로 지향하지만, 팬데믹 국면은 재난 위기의 조정자로서 국가의 필요성에 대한 재인식이 확산되는 계기가 되었습니다. 그리고 이는 사회가 어떻게 그것과의 관계를 형성할 것인가에 관한 질문을 수반합니다. 저는 한 사람의 교육자이자 연구자 그리고 문화 활동가로서 여기에 어떻게 개입하고 기여할 것인가에 대한 고민을 깊이 하게 되었습니다. 아까 멜라니 선생님이 팬데믹 상황에서 오히려 다양한 사회활동을 온라인과 오프라인을 통해 하고 계시다는 말씀을 굉장히 흥미롭게 들었고 매우 고무적인 일로 받아들입니다.

저의 경우, 그리고 우리 동아시아연구소의 경우 팬데믹 이후 모든 활동이 비대면으로 이루어질 수밖에 없었는데, 멜라니 선생님의 말씀처럼 참으로 쉽지 않은 과정이었고, 변화된 상황에 적응하는 데만도 많은 시간과 에너지가 소모되었습니다. 그럼에도 불구하고 우리는 과연 무엇을 해야 하는가에 관한 많은 고민을 했고, 이러한 고민의 소산이 코로나 팬데믹에 관한 아시아 석학과의 대담이라는 프로그램으로 결실을 맺게 되었습니다. 앞으로도 보다 심도있는 고민을 통해 팬데믹 시대의 학문하기에 관한 다양한 전형을 개발하려 하고 있습니다.

끝으로 지난 1년 동안 제가 많이 생각했던 문제로 소수자의 문제가 있습니다. 비정규직 노동자, 여성노동자, 난민 등 소수자들은 팬데믹 위기 상황에서 더욱 더 주변화되며 고통이 심화되고 있습니다. 그럼에도 국가는 그에 대해 신속하게 대응하고, 신자유주의적 축적체제의 폐해를 완화시키는 것이 아니라 오히려 친기업적 태도를 강화하고, 인공지능이나 비대면 경제 같은 새로운 성장동력을 육성하는 것으로 현재의 위기를 돌파하려 하고 있습니다. 이러한 상황에서 사회적 타살의 빈번한 발생, 노동자와 자영업자의 생존 위기, 여성들의 독박노동 등 사회적 약자들이 직면한 문제들은 뒷전으로 밀려날 수밖에 없습니다. 한 가지 긍정적인 것은 이러한 문제들에 대한 사회적 논의와 연대가 활성화되었고, 저도 여기에 적극적으로 참여하면서 아래로부터의 대안 형성 가능성을 엿볼 수 있게 되었다는 점입니다. 오늘 우리가 이 대담의 자리를 만든 것도 어떻게 아시아의 친구들과 더불어 문제를 공유하고 권역적 차원의 연대를 통해 포스트코로나 아시아의 전망을 선취할 수 있을 것인가를 모색한다는 차원에서 이해해 주셨으면 합니다.

○ 이기웅

백원담 소장님께서 다음 질문과 연결되는 말씀을 해 주셨어요. 바로 국가에 관한 것인데요. 팬데믹 이전까지 약 40년 동안 지속되어 온 신자유주의적 지구화의 흐름 속에서 국가라는 것이 계속

적대시되고 악마화되는 경향이 이어져 왔는데, 팬데믹이 발발하면서 국가의 중요성이라는 것이 다시금 부각되는 계기가 된 것 같습니다. 단적으로 그동안 작은 정부에 대한 신자유주의적 도그마를 추종해 왔던 서구 여러 나라는 이 정도 규모의 재난에 대응할 수 있는 능력을 상실했음을 보여준 반면 아시아 여러 나라의 정부는 놀라울 만큼 효과적인 대처 능력을 보여주었단 말이죠.

이러한 상황에서 여러 가지 흥미로운 문제가 제기되었는데요. 집합주의와 개인주의의 문제라든가, 방역과 인권의 문제라든가, 권위주의와 민주주의의 문제라든가 이러한 정치 문화와 국가 거버넌스에 관한 여러 흥미로운 문제가 팬데믹 관련 의제에 올랐는데, 이러한 관점에서 볼 때, 멜라니 부디안타 선생님은 기조발제에서도 암시하셨던 것처럼 인도네시아 정부의 코로나 대응에 대해 그리 긍정적인 평가를 하고 있지 않으신 것 같습니다. 실제로 인도네시아 일각에서는 "조코위 정부가 경제 제일주의와 방역의 시급성 사이에서 우왕좌왕 하다 시기를 놓쳤다" 이런 주장도 하는 것을 들은 적이 있는데, 선생님께서는 여기에 대해서 어떻게 생각하시는지, 그리고 선생님의 기조발제에서는 팬데믹이 인도네시아 국가-시민사회의 관계의 취약성을 드러냈다고 하셨는데 구체적으로 어떤 의미인지 설명을 부탁드리겠습니다.

○ 멜라니 부디안타

　말씀해 주신 대로 팬데믹을 통해서 판도라의 상자가 열렸다고
나 할까요? 인도네시아의 국가와 사회가 가지고 있는 여러 문제가
백일하에 드러나게 된 것 같습니다. 우선 지적해주신 데에 대해서
는 동의를 할 수 밖에 없는데요, 조코위 정부의 경우는 사회를 보
호하고 경제를 살리는 두 개의 가치 사이에서 우왕좌왕한 것이 사
실입니다. 문화연구자로서 저의 관점에서 볼 때 여기서의 가장 큰
문제는 사회·문화적 접근이 무시되었다는 점입니다. 방역과 경제
는 사회문화적 접근과 결합되어야만 효과를 발휘할 수 있습니다.
어떤 정책이든 사회가 문화적으로 준비되어 있어야 하며, 그것의
의미를 이해할 능력이 있어야 합니다. 바로 이 점이 조코위 정부
가 놓친 하나의 부분이라고 생각합니다.

　그리고 백 교수님께서도 말씀을 하셨습니다만 인도네시아의 경
우에도 이런 신자유주의적 구조를 우선시했습니다. 예를 들어 기
술이라든지 엔지니어링, 의학, 과학 이런 부분을 더 중시한 거죠.
그런데 그 과정에서 사회·문화적인 측면은 간과되었습니다. 저를
비롯한 많은 학자와 지식인들이 이를 바로잡고자 노력했고, 문화
부나 창조경제부 같은 일부 정부 부처들은 어느 정도 이에 대해
이해를 하고 우선순위를 조정하기 위한 노력을 기울이고 있습니
다. 하지만 이들 부처는 정부 내에서 발언권이 상대적으로 약한
부처라는데 문제가 있습니다.

그리고 질문자께서 말씀하신 것에 따르면 "아시아의 국가들이 서구 국가들에 비해 팬데믹에 더 잘 대처할 수 있었다"고 하고, 실제로 한국이나 일본이나 이런 나라들처럼 대응을 잘한 국가도 있습니다. 이렇게 집합주의collectivism 성향이 조금 강하다고 볼 수 있는 그런 국가들, 물론 이러한 해석에 대해서는 다른 의견이 있을 수도 있겠습니다만, 그러한 국가들이 전반적으로 보았을 때 대응을 조금 더 잘했다고 볼 수 있습니다. 그런데 인도네시아를 이 범주에 포함시키기에는 조금 어려움이 있을 것 같습니다. 이 점에서 서구다 아니면 아시아다, 이런 하나의 스테레오 타입으로 정의하기에는 문제가 있을 것 같은데, 왜냐하면 모든 정부가 동서양의 구분으로 설명될 수 없는 혼합된 형태를 취하고 있기 때문입니다. 인도네시아 국가와 관련하여 첫째로 거론하고 싶은 것은 짧은 시간 동안 체제의 변화가 급격했다는 점입니다. 인도네시아는 1998년부터 굉장히 빠른 속도의 민주화를 경험했습니다. 1998년 이전에는 강력한 중앙집권화에 근거한 권위주의 정부가 집권하고 있었는데, 글쎄요 어찌 보면 현재의 팬데믹 상황에서 과거의 정부가 대응에 좀 더 효율적일 수 있을지 모르겠습니다. 물론 당시의 정부는 매우 억압적이었습니다. 인도네시아가 민주화되고 지방분권화가 이루어지면서 각 지역의 자치권이 향상되고 언론과 표현의 자유도 개선되었습니다. 그러나 과거의 권위주의 정부보다 현재의 민주정부가 이러한 상황을 더 잘 대처할 수 있었을까에 대해서는 장담할 수 없습니다.

두 번째는 정부의 효율성 문제입니다. 팬데믹과 같은 중대한 문제에 대처함에 있어서 부처 간에 조율을 하고 한 목소리를 내는 부분에서 인도네시아 정부는 많은 한계를 노정했습니다. 집합주의의 정신이 인도네시아 사회에 충만한 것은 사실입니다만 그것이 정부의 수준에서 어떻게 번역될 것인지는 간단한 문제가 아닙니다. 이런 점에서 서구는 개인주의고 아시아는 집합주의고 이렇게 이분법적으로 일반화시킬 수는 없다고 봅니다. 굉장히 다양한 측면을 가진 혼합 사회mixed society라고 보는 것이 적합할 것 같습니다. 좋든 나쁘든 현재의 팬데믹 상황에서 정부가 이러한 사회의 문화적 잠재력을 어떻게 활용할 것인가는 아직 좀 더 지켜봐야할 것입니다. 현재까지 인도네시아 정부는 이런 문화적 잠재력 혹은 집합주의적 감정collectivist feeling을 제대로 활용하지 못해왔습니다. 그런데 아래로부터의 풀뿌리 움직임은 다르죠. 여러 다양한 연대 활동이 조직되고 있고, 사람들이 "우리들의 문제에 대해 우리들의 해결책을 찾아내자"는 흐름이 강합니다. 이러한 아래로부터의 흐름이 국가의 제도적 역량과 매개되어 힘을 발휘해야 하는데, 이를 위한 거버넌스가 현재로서는 매우 미흡합니다. 향후 여기에 노력이 집중되어야 할 것으로 보입니다.

○ 백원담

저는 국가와 사회의 문제에 있어서 몇 가지 틀, 중점적인 접근이 필요하다고 생각합니다. 국가는 무엇이고 사회는 거기에 어떻게 대응하는가에 접근함에 있어서 순수한 개념만으로는 곤란하고, 서구와 비서구, 아시아 내에서는 동북아와 동남아, 그리고 한 국가 내에서도 다양한 충위를 구분해서 입체적으로 다가갈 필요가 있다고 봅니다.

우선 저는 서구에서 국가가 작은 정부를 지향하면서 금융 자본주의 위주로 경제 구조를 재편해 놓고 그 결과로 제조업이 황폐화되면서 코로나에 대응을 할 수 없었던 점에 주목합니다. 마스크도 만들지 못하고 의료기기도 부족하고. 이런 상황에서 국가의 대응은 국가 간 경쟁을 심화하는 방식으로 이루어졌습니다. 마스크를 서로 뺏어오기도 하고 별의별 일이 다 있었죠. 지금도 EU와 미국에서 백신을 둘러싸고 벌이는 행태는 지구적 불평등 구조를 강화하는 모습을 보여주고 있습니다. 그러면서 이들은 아시아의 적극적인 방역에 대해 권위주의, 집단주의 등의 수사를 동원해 깎아내립니다. 그런데 과연 방역에 있어서 이른바 아시아적 권위주의의 실체가 무엇인가를 자세히 들여다보면 실제로 정부의 역할은 그리 크지 않았다는 것을 알 수 있습니다. 앞서도 말씀드린 것처럼 방역의 핵심은 의료 공공성이라고 보는데, 이것이 제대로 확보되지 않은 상태에서 순간적이고 임기응변식 대응에만 치중했다는 점이 두드러집니다. 현재 팬데믹이 2년차에 접어들었음에도 이러한 상황은 그리 나아진 것으로 보이지 않습니다.

이런 점에서 저는 북미와 유럽에서 이야기하는 아시아의 집단주의라고 하는 것을 세밀하게 봐야한다고 생각합니다. 저는 집단주의라는 것을 부정할 생각은 없습니다만, 그것을 국가의 정치체제나 정치문화와 연관짓기 보다는 공동체를 위한 아래로부터의 자발적 힘에 초점을 맞추고 싶습니다. 제 견해로는 바로 이것이 진정한 집단주의의 모습이라고 봅니다. 드라이브 스루를 만든다든지, 정보 공유 체계를 구축하여 팬데믹에 대한 대응을 돕는 일, 그리고 집단의 힘을 동원해 사회적 타살을 당하는 비정규직 노동자의 문제를 제기하고, 나아가 '중대재해기업처벌법'을 입법화시키는 일 등 아래로부터의 창발성이 팬데믹 국면에서 도드라졌던 사례는 매우 많습니다. 저는 이런 사례들에 근거하여 집단주의를 재개념화해야 한다는 입장을 갖고 있습니다. 서구에서 말하는 아시아 집단주의는 문화적 전통, 유교 등의 지나치게 편협하고 관습적인 기준에 의거한 것으로, 아시아의 실제 현실을 이해하는데 많은 결함을 지닙니다. 이런 점에서 저는 서구 논의의 한계를 넘어 아시아인의 관점에서 팬데믹 상황에 대한 재구성을 할 필요가 있다고 생각합니다.

멜라니 선생님께서 조코위 정부의 방역정책에 관하여 비판적인 의견을 피력하셨는데, 그럼에도 불구하고 저는 개인적으로 조코위 정부가 보여준 비동맹 수뇌국으로서의 면모를 긍정적으로 평가하고 있습니다. 작년 5월 3일 30여 개국이 참가한 비동맹 화상회의가 열렸는데, 여기서 조코위 대통령은, "의약품, 백신과 관련한 특허권 및 지적재산권은 인류를 위해 유연하게 적용되어야 한다"고 하면서 개발도상국의 평등한 접근권을 강조했습니다. 이것은 1955년 반둥회의에서 수카르노Sukarno 전 대통령이 "정보권을 달라. 우리는 어떤 정치군사적 동맹도 맺지 않겠다"라고 선언한 것을 떠오르게 합니다. 이 선언은 비동맹 운동의 신호탄이었고, 이후 호혜경제를 통한 발전과 공동번영의 의제가 본격적으로 제기되었습니다. 이런 점에서 국가가 아직도 존재 의미를 지니고 자신의 역할을 유지하려 한다면, 국가 간 관계에서의 문제들, 그리고 국가-사회관계에서의 문제들에 대처하기 위한 사회적 요구 수렴의 메커니즘이 작동해야 할 것입니다. 그것을 우리는 정치 민주화라고 이야기를 합니다.

한국은 2017년 새로운 정권이 촛불혁명의 결과로 성립되었고, 많은 사람들은 부정부패도 없고 사회적 평등이 달성된 새로운 사회를 기대했습니다. 그러나 이 정부는 이러한 기회에 제대로 부응하지 못했습니다. 그 결과 지금은 코로나 국면이 장기화되면서 사회적 위기가 증폭되고 있습니다. 이는 다시 거버넌스의 문제와 새로운 정치사회 구축의 문제로 연결됩니다. 현재 아시아에서는 새로운 정치사회가 계속 만들어지고 있습니다. 우리는 지금 아시아에서 팬데믹을 매개로 등장하는 새로운 정치사회와 연계할 필요가 있지 않은가. 그를 통해 국가와 시민사회 문제를 보다 생산적인 지반에 올리고 새로운 정합을 찾아갈 수 있지 않겠는가 하는 생각을 하고 있습니다.

○ 멜라니 부디안타

국가와 사회의 관계에 대해 논의하는 것은 굉장히 복잡하죠. 예를 들면 민주화의 형태도 나라마다 다르고, 행정적 절차도 상이하기 때문입니다. 인도네시아의 경우에는 물론 빈곤층을 대상으로 기본적인 사회적 보장 제도는 있습니다. 보건체계도 있고, 다들 자동차를 갖고 병원에 가고, 이러한 기본적인 시스템 자체는 유지가 되고 있습니다만, 최하층, 예를 들어 신분증이 없는 사람들, 미등록 근로자들, 즉 농촌에서 도시로 등록되지 않은 채 이동하는 사람들은 빈곤층 중에서도 가장 빈곤한 층이고, 이들은 사회보장제도의 사각지대에 놓여있습니다. 이런 점에서 이러한 제도적, 공식적인 것을 가지고 사회의 모든 문제를 해결할 수는 없다는 것입니다. 물론 이런 집단주의 정신과 연대운동을 어떻게 더욱 체계적으로 통합할 수 있을지, 그리고 한 나라에서 다른 나라로 어떻게 이것을 전파시킬 수 있을지에 대해서도 계속 고민을 해야 되겠죠.

이런 맥락에서 백원담 교수님께서 말씀하신 비동맹운동, 그리고 반둥정신에 대해 우리가 다시 한번 불을 지펴야 된다고 보는데요. 하지만 지금의 상황은 1959년과는 다릅니다.[1] 이제는 그런 제 3세계 블록도 없고 대부분의 나라들은 신자유주의적 자본주의 체계로 편입된 상태입니다. 심지어 공산주의 나라들까지도 그렇죠. 중국이나 베트남 같은 나라도 이미 자본주의적 시장경제 개념을 채용하고 있는 상황이니까요. 그렇기 때문에 협력을 모색할 필요가 있다면 과연 어떤 협력이 가능할지를 이러한 상황적 맥락에서 생각해 보아야 할 것 같습니다. 과거의 비동맹 운동에 함께했던 나라들이 어떻게 계속 협력할 수 있을 것인가. 일례로 인도네시아의 경우에 이미 아세안ASEAN 플랫폼과 이슬람 국가들의 네트워크 등을 국제협력의 연대체로 활용하고 있습니다. 이렇게 두 개의 블록에 속해 있는데, 이를 통해 다른 나라들하고의 관계에서 균형을 맞춰 나가는 것이죠. 이런 점에서 저는 이 반둥 정신을 국가 간의 공식적 네트워크로서 보다 인적 교류의 차원에서 재활성화되어야 한다고 봅니다. 지금 우리가 하고 있는 동아시아연구소의 웨비나 시리즈는 이러한 교류가 발생하고 대화가 이루어지는 중요한 플랫폼의 하나로 생각할 수 있습니다. 여러 나라에 뿌리를 둔 다양한 글로벌 포럼을 통해 이러한 형태의 이니셔티브가 계속 이어져 나갈 수 있기 바랍니다.

바로 이러한 이니셔티브나 포럼을 통해 우리가 현재 아시아의

---

1 1959년 아시아 아프리카회의를 가리킴. 인도네시아 반둥에서 개최되었으므로 반둥회의로도 명명됨.

사회 구조 속에서 어떠한 대안을 만들어낼 수 있을지를 논의할 수 있을 것입니다. 특히 소외계층을 위한, 그리고 여성의 역능을 강화할 수 있는 공동의 대안을 모색하는 것이 절실하게 요구됩니다. 각각의 아시아 나라 내에서 그리고 아시아 국가들 사이에서 아직까지 해결해야 될 문제가 굉장히 많이 남아있습니다. 인터아시아 Inter-Asia라는 말에는 단지 긍정적인 의미만 있는 것은 아닙니다. 아시아를 횡단하는 여성 인신매매, 그리고 이주노동자 문제, 예를 들어 여성 이주노동자들이 아시아 전역에 퍼져있지 않습니까. 이런 문제들에 대해 아시아 나라들이 서로 간에 대화하고 협력하면서 방법을 모색해 나아가야 할 것 같습니다.

○ 이기웅

지금까지 국가에 대해 이야기를 나눠 봤는데 이번에는 사회로 넘어가겠습니다. 구체적으로 이번 질문의 큰 제목은 '정동과 문화'인데요. 방금 말씀 나누셨던 그 주제, 컬렉티비즘collectivism이죠. 집합주의 혹은 집산주의라고 불리는 컬렉티비즘과 공동체주의의 문제입니다. 이 부분은 멜라니 부디안타 선생님이 특별히 관심 가지고 계신 주제이기도 합니다.

인도네시아 문화는 집합주의 혹은 공동체주의가 상당히 강한 문화로 알려져 있습니다. 제가 읽었던 자료에 의하면 "한 사람도 돌봄에서 소외되어서는 안 된다는 의식"이 인도네시아의 문화의 전형적 특성이라고 이야기를 하던데요. "고통로용Gotong Royong, 상부상 조, 즉 모든 사람이 짐을 나눠진다"는 것이 일종의 인도네시아 정신으로 여겨지는 듯합니다. 제가 궁금한 것은 이러한 문화적 특성이 팬데믹 시기에는 어떻게 작동하는지. 그리고 이 문화가 코로나 시기에 만들어낸 정동은 어떤 것인지에 관한 것입니다. 이 문제가 갖는 의미는 한편으로 인도네시아에 집합주의적 전통, 공동체주의적인 전통이 강하게 내려옴과 동시에 다른 한편으로 팬데믹은 굉장히 커다란 불평등을 만들어내고 고통의 불균등한 분배를 증폭시키고 하는 모순적 경향이 공존하는 상황을 만들기 때문입니다. 인도네시아의 문화적 맥락에서 이러한 것들이 어떻게 전개되는지 듣고 싶고, 특히 젠더 문제와 관련해서 이야기를 해 주시면 흥미로울 것 같습니다.

그리고 선생님의 기조발제에 따르면 정부가 집행하고 있는 방역수칙이 문화적인 수준에서 여러 가지 정동을 발생시키고 있다고 하는데, 여기에서도 집합주의 문제를 거론할 수 있을 것 같습니다. 이전 질문에도 있었지만, 한국을 비롯한 여러 아시아 나라가 상대적으로 성공적인 팬데믹 대응을 가능케 한데는 집합주의의 영향이 컸다는 분석이 많이 있습니다. 여기에 대해서는 어떻게 생각하시는지.

이 점이 흥미로운 이유 중 하나는 오랫 동안 서구와 한국에서 지식인들, 특히 비판적인 지식인들 사이에서 집합주의라는 것은 굉장히 위험한 혹은 후진적인 것으로 인식되었기 때문입니다. 순응주의, 보수주의, 심지어 전체주의와 파시즘에까지 연결되면서 굉장히 경계해야 될 대상으로 간주되었는데, 이것이 팬데믹 국면에서 복권 내지 재평가되는 국면이 형성되고 있습니다. 멜라니 선생님은 그동안 인도네시아의 팬데믹에 관해 발표하신 여러 글에서 인도네시아의 집합주의적 문화를 재난 상황 속에서 절망에 빠지지 않고 낙관과 희망을 유지할 수 있게 하는 긍정적 에너지의 원천으로 기술하셨습니다. 고통 자체는 전 세계가 동일하게 겪고 있지만 인도네시아에서는 이것이 나 혼자만의 문제가 아니라는 강한 신념이 널리 공유되고 있다는 것이지요.

　이러한 점에서 집합주의에 대한 선생님 생각을 듣고 싶습니다. 집합주의가 신자유주의적 개인주의에 대한 대안이 될 수 있는지, 그리고 선생님이 생각하시는 집합주의에서 개인의 위치는 어디에 있는 것인지 이런 부분에 대해 말씀을 해 주셨으면 합니다.

○ 멜라니 부디안타

　서구에서 집합주의에 대한 부정적 시각이 있다고 말씀하셨는데, 예를 들면 "개인의 자유를 억압하는 문화다"라는 것이죠. 저는 집합주의의 특정 형태가 억압적일 수 있다는 것에 동의합니다. 이는 다른 나라에서와 마찬가지로 인도네시아나에서도 오랫동안 경험해온 바입니다. 특히 여성운동의 경우 이러한 억압에 지속적으로 직면해왔죠. 보수주의 이데올로기, 전통에 대한 맹신, 정치적 독재 이러한 힘들이 여성의 행동을 규제하고 특정한 삶의 방식을 강제해온 것은 사실입니다.

최근에 부상하고 있는 억압적 집합주의는 포퓰리즘입니다. 정치인들이 대중의 인기를 얻기 위해 다수의 목소리만을 반영한다면 이것도 억압적인 것이 될 수 있습니다. 외국인 혐오나 특정 정체성, 계층, 종교를 탄압하는 것은 사회적으로 위험한 상황을 만들 수 있습니다. 이렇게 집합주의라는 미명 하에 동질화를 강요하는 것은 억압적이라고 할 수 있습니다.

제가 인도네시아 문화와 관련해서 강조하는 집합주의는 이와 다른 긍정적인 형태의 집합주의입니다. 같은 집합주의지만 억압적 집합주의와는 전혀 다른 것이죠. 그것은 바로 공동체 기반의 집합주의입니다. 공동체 기반 집합주의라고 해도 사실 여기에는 다양한 형태가 존재합니다. 인도네시아 사회가 수많은 섬들과 인종, 종교로 구성된 다문화사회이기 때문입니다. 그럼에도 몇 가지 공통점을 일별할 수는 있습니다. 첫째는 상향적이라는 것입니다. 아래로부터 만들어지는 것이죠. 인도네시아 공동체의 가장 큰 특징은 구성원들의 이질성과 다양성입니다. 어느 도시나 마을을 가더라도 하나의 인종으로 구성된 공동체를 보기는 어렵습니다. 이런 이질성에 기반을 두고 있기 때문에 집합의식의 형성이 포용적, 참여적, 민주적 형태를 띨 수밖에 없습니다. 그렇지 않을 경우 온

전한 공동체로 작동할 수 없기 때문입니다. 인도네시아의 공동체들은 인종뿐 아니라 소외계층이나 여성에 대해서도 적극 포용하는 메커니즘을 공유합니다.

또 한 가지는 공공선을 추구한다는 점입니다. 공동체들은 모든 구성원이 공공선의 혜택을 향유해야 한다는 신념에 근거하여 운영됩니다. 그렇기 때문에 공동의 이니셔티브를 만들어 내는 데 있어서 협력과 연대의 정신이 당연한 전제로 간주됩니다. 제가 보기에는 팬데믹 하에서 이러한 커뮤니티 기반의 집합주의가 굉장히 중요했다고 생각합니다. 한 마을에서 한 사람만 코로나에 걸려도 마을 전체가 레드존으로 지정되거든요. 개인적으로 저는 가톨릭 신자인데, 제가 속한 마을 40가구에서 성당 출석 여부와 무관하게 한 명도 코로나에 감염되지 않아야 제가 성당에 갈 수 있습니다. 그렇기 때문에 단 한 명이 코로나 확진이 된다고 하면 그 행정구역에 속하는 모두가 고통을 받는다는 거죠. 이를 통해 우리가 공동체이고 한 몸이라는 것을 깨닫게 되는 것입니다.

지금 말씀드린 40가구 정도 단위의 인도네시아 행정구역 내에서는 주민들이 서로 도와야 한다는 생각이 널리 퍼져 있습니다. 그리고 어떤 일이 발생했을 경우 공동체 내에서 보고가 이루어집니다. 예를 들어 누군가 아프다 혹은 잘 못 먹는다고 하면 서로 간에 이 소식을 전파하고 조금씩 도와주는 거죠. 만약 이 사람이 경제적으로 힘들다, 확진자라서 집 밖으로 못 나간다 혹은 자가 격리를 해야 한다 하면, "이 사람들에게 먹을 것을 갖다 줘야 된다" 는 반응이 습성화되어 있습니다. 이런 식의 지역 공동체 조직이 인도네시아에서는 널리 확산되어 있습니다. 어쨌든 이러한 정신 이 중요한데, 특히 인도네시아 사회가 초고도 도시화 단계에 접어 들고 그에 따라 개인주의가 더 팽배해짐에 따라 그 필요성이 더 커지고 있습니다. 물론 그 이면도 있습니다. 너무 공동체를 앞세 울 경우 다른 공동체나 공동체 밖의 사람들한테 차별적일 수 있는 것이죠. 이 점은 문제가 될 수 있습니다.

제가 지난 1년 이상 팬데믹 상황을 지나면서 새삼 주목하게된 것이 네트워크를 통한 이들 공동체의 연결입니다. 예를 들어 소셜 미디어를 통해서 한 마을에서 다른 마을이나 혹은 지역으로 연결 이 이루어지고, 이러한 네트워크를 통해서 서로의 문제를 공유하 고 협력하는 것이죠. 제가 보기에는 이러한 이니셔티브가 큰 도움 이 된다고 봅니다. 이러한 네트워크화는 도시와 농촌에서 모두 나 타나고 있는데, 특히 도시의 경우 특유의 개인주의적, 물질주의적 성격에 일정한 균형추를 제공하는 역할도 할 수 있습니다.

○ 백원담

인도네시아는 세계 인구 4위의 대국이고, 2억 7,000만 명의 인 구와 1만 7,000여 개의 섬에서 1,000여 개의 언어를 지닌 다양한 민족이 살고 있는 나라입니다. 저는 이런 대국에서 정부의 방역이 어떻게 효과적으로 집행되고 시민사회가 그에 어떻게 대응하는지에 대해 관심이 많았습니다. 제가 선생님의 팬데믹 논의에서 특히 흥미를 느꼈던 부분은 코로나 위기를 사회가 지닌 문제가 명확하고 또렷하게 드러나는 판도라의 상자로, 그리고 새로운 변화를 위한 동력이 형성되는 과정으로 접근하신다는 점이었습니다. 저는 이러한 긍정적 시각이 어디서 유래하는지가 매우 궁금했는데, 말씀을 듣고 어느 정도 해명이 된 것 같습니다.

저는 일단 집합주의의 문제에서 가장 경계해야 할 것은 서구에서 특히 문제가 되고 있는 인종주의라고 생각합니다. 인종주의는 일종의 폭력과 혐오에 기반한 배타적 집합주의라고 할 수 있고, 이것이 모든 집합주의 중 가장 나쁜 것이라고 생각합니다.

한국의 경우 문제가 되는 또 하나의 집합주의가 등장하고 있는데, 바로 신자유주의 통치성의 내재화, 일반화의 산물인 집단이기주의입니다. 이것이 극단적인 형태로 표출되었던 사례가 의사 파업이었습니다. 팬데믹이라는 재난 상황에서 사람들의 생명을 볼모로 자신들의 특권적 이익을 강화하고 의료의 공공성을 저지하는 방식으로 집합주의가 동원된 경우였죠. 이른바 인국공 사태로 불리는 인천국제공항 비정규직의 정규직 전환 논란도 이와 유사한 맥락이라고 할 수 있습니다. 국가는 비정규직을 정규직화시켜 줌으로써 고용불안정을 조금이나마 해소하려 하는데, 그에 대해 불평등, 불공정 프레임을 씌워 반대하고 사회적 분노를 증폭시키는 것은 나쁜 집합주의의 한 형태라고 생각합니다.

저는 선생님께서 말씀해주신 공동체 기반 이니셔티브들이 굉장히 중요하다는 의견입니다. 2015년에 반둥회의 60주년을 기리기 위해 반둥을 방문했을 때, 그 인근의 가룻Garut이라는 지역에 갔는데, 여기서 놀라운 경험을 했습니다. 가룻은 작은 농촌마을이었는데, 주민들이 다 함께 모여 식사를 하고, 독자적인 교육 체계를 갖고 있고, 그래서 중고등학교 학생들에게 역사, 철학, 과학을 가르치는 것을 보았습니다. 공동체 내에서는 사회적 위계가 없이 함께 밥을 먹고, 커피를 마시고, 어른 아이 할 것 없이 같이 담배를 피우고, 저녁에는 농지 점거운동 비디오를 관람한 뒤 함께 토론하고, 아침에 일어나서는 같이 일하고, 종교 활동을 하고 하는 등등. 이슬람 사회가 보수적인 문화를 가지고 있는 줄만 알았는데, 농지 점거운동의 경험이 면면히 이어져 내려오는 자부심 강한 촌락사회를 경험하면서 저는 의표를 찔린 느낌을 받았습니다.

인도네시아의 경우 자카르타는 물론이고 자바 섬 등 큰 섬들의 경우에는 도시화가 빠르게 진행되고 있습니다. 그럼에도 여전히 농촌사회는 광범위하게 존재하고 있습니다. 저는 이런 혼합사회에서 공동체성이라고 하는 것이 과연 어떤 모습을 띨 것인가, 고정관념화되어 있는 아시아적 전체주의와 다른, 보다 인간적이고 민주적으로 더불어 사는 가치지향이 어떻게 가능할 것인가에 대한 궁금증이 컸습니다. 오늘 멜라니 선생님께서 이렇게 현실적으로 살아 움직이는 사례를 말씀해주시는 것을 들으니 저에게 큰 영감이 되었습니다.

여기서 또 하나 중요한 것은 인도네시아가 350년 동안 네덜란드의 지배를 받고, 이어 일본의 지배를 받으면서 플랜테이션 농업이 일반화 되어 있는데, 그것을 극복하기 위한 정치적 실천으로 농지를 점거하고 거기에서 생활농작물을 경작하는 것을 봤습니다. 그리고 투쟁 과정을 보고하는데 그것을 담당한 것은 여성들이었습니다. 젊은 여대생부터 나이 많은 어르신까지 나와서, "우리가 그동안 무엇을 해왔고 그것으로 무엇을 이뤘고, 지금 어떤 일들을 하고 있다"는 것을 분명한 어조로 이야기하는데, 매우 인상적이었습니다. 그래서 저는 멜라니 선생님께서 말씀하시는 아래로부터의 공동체 이니셔티브가 어떻게 위로부터의 정치 민주화와 연관되고 결합하는지가 굉장히 궁금했어요. 이렇게 면면히 이어지는 공동체의 전통이 과거 권위주의 시대와 민주화 시대에 어떻게 다른 방식으로 작동하는지 이런 부분에 대해서 실제 활동을 중심으로 설명해 주시면 이해가 좀 더 편할 것 같습니다.

○이기웅

지금까지 멜라니 선생님께서 말씀하신 것을 종합해 볼 때 선생님의 관심은 정부라든가 시민사회의 NGO 같은 공식적 기관 혹은 이들이 주도하는 정책보다는 아래로부터의 풀뿌리 이니셔티브에 놓여 있는 것으로 보입니다. 그리고 실제로 선생님의 기조연설에도 여성, 문화예술가, 캄풍 이런 부분에 초점을 맞춰 논의를 전개하시는데요, 이를 백원담 소장님께서 질문하신 내용과 결합해서 여쭙겠습니다. 현재 위기상황에서 아래로부터의 행동이 갖는 의미는 무엇이라고 보시는지요? 그리고 이러한 맥락에서 국가와 시민사회의 역할과 위치는 무엇이라고 생각하시는지에 대해 좀 더 구체적인 사례를 들어 설명해 주시면 감사하겠습니다.

○ 멜라니 부디안타

백 교수님께서 반둥에서의 경험을 이야기해 주셨는데, 저도 그 이야기를 들으면서 굉장히 즐거웠습니다. 그런 여러 가지 다양한 활동이 있죠. 그런데 말씀하신 대로 인도네시아는 굉장히 다양한 사회입니다. 1억 명이 넘는 인구가 1만 7천 개가 넘는 섬에 나뉘어져 살고 있기 때문에 다양할 수밖에 없는 것이죠. 지역별로 공동체의 형태나 실천방식도 다르게 나타납니다. 자바에서는 고통 로용이라는 인도네시아어 표현에서 나타나는 집합주의가 매우 강합니다. 이는 아주 오래 전부터 이어져 내려오는 자바 섬의 문화적 전통입니다. 인도네시아에서도 대도시가 빠르게 확장되고, 그에 따른 개인주의적 라이프스타일이 젊은 사람들 중심으로 만연하고 있지만, 최근 들어 지방에서는 문명화의 노력이 일어나고 있습니다. 젊은 사람들이 시골에서 도시로 이주하고, 다른 아시아 국가로 이주하던 형태의 반대 흐름이 일어나고 있는 것입니다. 농촌을 살 수 있을 만한 곳으로, 문화적으로나 사회적으로 생활이 가능한 곳으로 만듦으로써 가능해진 일인데, 이제 도시에만 사람들이 모이는 것이 아니라 지방도 사람들이 살기 위해서 모여드는 곳이 될 수 있도록 하는 것입니다. 젊은 사람들은 "마을"이라는 말을 구식이고 쿨하지 않은 것으로 받아들이기 쉬운데, 이러한 생각을 바꾸기 위한 노력이 인도네시아의 많은 지역에서 진행되고 있습니다. 국가주도로 진행되는 경우도 있고, 풀뿌리 수준에서 상향식으로 진행되는 경우도 있습니다.

인도네시아어에 룸붕Lumbung이라는 말이 있습니다. 수확한 쌀을 저장하는 곳간을 뜻하는 말인데, 이는 개인 소유의 곳간이 아니라 그 마을에서 수확한 모든 쌀을 저장하는 공동의 곡물창고를 지칭합니다. 저희는 룸붕이라는 말을 공동체 기반의 집합적 이니셔티브를 의미하는 상징으로 사용합니다. 마을이 가지고 있는 모든 자원들, 경제적 자원뿐 아니라 문화, 지식, 역사, 전통 등을 모두 모아 보존하고, 새로운 가치를 부여하고, 현대에 걸맞는 활용법을 개발하는 것이죠. 과거의 것을 그대로 보존하자는 것이 아닙니다. 이를 통해 마을을 사람들이 살만한 곳으로, 오래 머물고 싶은 곳으로 만들려고 하는 것입니다. 이것을 문화관광의 한 형태로 볼 수도 있을 것입니다. 어찌 되었든 지역에서 살아남을 수 있도록 하는 노력이 자바에서 많이 일어나고 있습니다. 그런데 자바 이외의 지역에서는 이것이 좀 어렵습니다. 왜냐하면 전통이 다르기 때문입니다.

예를 들어서 인도네시아의 동쪽 플로레스Flores 지역에서는 교회가 굉장히 중요한 역할을 합니다. 교회가 후원하는 여러 가지 활동이 있고, 이를 중심으로 공동체가 움직입니다. 파푸아Papua 같은 경우는 많은 봉기가 일어나고 독립을 위한 운동이 벌어지고 있습니다. 여기서는 자바에서 유입되는 인구, 기존에 살던 거주민들, 그리고 섬의 원주민들이 섞여 있기 때문에 공동체의 성격과 동학이 다른 지역과 상이합니다. 인도네시아 전역을 놓고 보면, 자바인들이 주도하는 마을에서는 앞서 말씀드린 형태의 움직임이 있습니다만, 다른 지역에서는 다른 방식으로 공동체 및 집합주의가 작동하고 있다고 볼 수 있겠습니다.

그런데 인도네시아 전역에서도 마을과 마을을 연결해서 커먼스를 구축하기 위한 움직임이 일어나고 있습니다. 팬데믹 전에는 캄풍을 돌아다니며 방문하는 것이 흔했죠. 다른 캄풍에서 행사가 있으면 함께 모여 축제를 한다든지, 도울 일이 있으면 서로 돕는다든지 했고, 다른 캄풍의 경험을 공유하고 캄풍마다 고유한 전략을 배우는 등 교류가 많았습니다. 저는 개인적으로 이들 공동체와 오랫동안 협업을 해왔고, 이러한 움직임에 상당히 많은 기대를 품고 있습니다. 이들 지역은 인도네시아에서 가장 어려운 곳들입니다. 자카르타 북쪽 지역에서는 도시화와 산업화가 이루어지고 있지만, 그와 동시에 홍수가 만연한 지역이기도 합니다. 자연재해, 빈곤, 실업 등 여러 가지 문제로 시달리는 지역이죠.

그런데도 이런 움직임이 지금도 활발하게, 다양한 형태로 일어나고 있는 것입니다. 얼핏 개인적 생존에만 급급할 것 같지만, 이들은 의외로 개인적 수준을 넘어 공동의 이익을 추구하는 활동을 부지런히 벌입니다. 찌카랑Cikarang강 살리기 같은 것이 대표적입니다. 이 사람들은 돈이 없습니다. 그렇기 때문에 강가에 가서 쓰레기를 줍고 강 안에 학교를 만드는 방식입니다, 자연학교죠. 돈이 없어도 이렇게 시작을 합니다. 저는 이런 이야기를 들을 때마다 큰 감동을 받습니다. 물론 모든 것이 밝고 긍정적이기만 한 것은 아닙니다. 비판적인 논의가 오가는 경우도 있습니다. 정부에 대해 비판을 하고 분노하는 경우도 있습니다. 중요한 것은 논의의 내용이 아니라 논의가 이루어지고 있는 점 자체라고 봅니다. 이러한 움직임이 지속되고 힘을 갖는다면 정부도 관심을 기울이게 될 것입니다. 대놓고 무시할 수는 없게 되는 것이죠.

인도네시아의 지방 정부 중에는 청렴도가 떨어지는 곳이 적지 않습니다. 이들은 대기업의 로비에 취약합니다. 그래서 대기업과 주민들의 이해가 충돌할 경우 대기업의 편을 드는 일이 많습니다. 그렇게 되면 주민들의 우선순위는 10위, 20위, 30위로 추락하게 되는 것이죠. 예를 들어 대기업이 토지를 매입하려 한다면 그들의 뜻대로 될 것입니다. 만약 지역사회를 강화해 줄 수 있다면 상황은 좀 달라지겠죠. 이는 다른 캄풍이나 지역들과의 연대하고 외부에서의 관심 증대를 통해 어느 정도 달성할 수 있습니다. 그렇게 된다면 지방정부가 캄풍들을 대하는 데 좀 더 신중하고 주의 깊게 접근하지 않을까 생각합니다. 이것을 풀뿌리의 상향적 움직임이라고 보기는 어렵겠지만, 그럼에도 공동체 활동이 다양한 부문으로 손을 뻗치고 확장을 꾀하는 것이라고 볼 수 있습니다. 저는 이러한 노력을 통해 여러 정부기관이나 비정부단체들이 우리를 도와줄 수 있을 거라고 생각합니다.

저는 브카시Bekasi 관할구에 속한 찌카랑의 캄풍 지역에서 한 펑크 밴드가 들어와 봉사활동하는 것을 본 적이 있습니다. 그들은 마을의 청소와 환경미화 일을 했는데, 저는 이런 장면에서 새로운 희망을 봤습니다. 매우 도회적이고 현대적 라이프스타일을 상징하는 펑크밴드가 이렇게 옛스럽고 전통적인 지역 주민들과 연대하는 모습을 상상하기는 어려웠습니다. 그러나 이런 일은 현실에서 일어나고 있습니다. 물론 이것이 흔치 않고, 어려운 일임에는 틀림없습니다. 캄풍을 돕기 위해 멀리 떨어진 지역까지 가는 것도 쉽지 않죠. 그러나 보르네오 섬의 칼리만탄에는 공동체를 도우러 간 자바인들이 많고, 자바식의 공동체도 도처에 형성되어 있습니다.

그리고 또 한 가지가 플랜테이션 문제인데요. 플랜테이션 농장이 확산되면서 칼리만탄에서 산림 파괴가 빠른 속도로 진행되고 있습니다. 지금까지 얼마나 많은 산림이 파괴되었는지 정확하게 수치를 제시할 수는 없지만, 팜유 농업이 산업화되면서 곡물 재배를 위한 농지뿐 아니라 산지까지도 급격하게 농장으로 변화하고 있습니다. 더 큰 문제는 이렇게 되면서 지역 전체가 플랜테이션에 생계를 의존하게 되었다는 점입니다. 그럴수록 플랜테이션의 확대가 별다른 저항 없이 일어나고 있죠. 많은 활동가들과 NGO들이 이에 대한 인식을 제고하기 위한 활동을 벌이고 있습니다. 이러한 토종작물과 산림 보존의 중요성을 알리고 있는 것이죠.

과거에는 카사바 뿌리 같은 것도 전통 의식에서 많이 사용했는데, 이제는 그 자리에 농장들이 있다는 것입니다. 그래서 더 이상 이런 작물을 재배하기가 어려워진 거죠. 저희 활동가들이 현지 주민들과 이런 상황에 대해 함께 이야기를 하면서 경험을 공유해왔고, 또 팬데믹이라는 상황에 직면해서는 "우리가 우리의 정원을 잊으면 안 된다. 우리의 정원을 회복해야 된다"라는 메시지를 꾸준히 전달하고 있습니다. 마을의 농지가 카카오 농장으로 뒤덮이게 해서는 안됩니다. 비록 이게 단기적으로는 경제적 도움이 될지라도 말이죠. 이러다 보면 결국 우리가 원래 기르던 작물은 사라지게 됩니다. 그리고 이런 과정에서 부가 가부장에게 집중되기 때문에 여성들이 더욱 소외되는 결과가 초래되기 쉽습니다. 각각의 마을이 경제적으로나 문화적으로 상이하고, 그에 따라 역할도 다르다고 할 수 있겠지만, 이런 점에서 공동체 간 연대 운동은 중요성이 갈수록 커져가고 있습니다. 일부 지역에서라도 공동체를 보존하기 위해서는 사람과 사람, 마을과 마을의 연결을 계속해 나가야 할 것입니다.

○ **백원담**

선생님 말씀을 들으니 아래로부터의 다양한 운동들이 펼쳐지는 것이 굉장히 고무적이라는 생각이 듭니다. 그런데 선생님께서는 기조발제에서 국가와 사회를 매개하는 공간으로서 파르타 채터지 Partha Chatterjee의 '정치사회political society' 개념을 언급하셨습니다. 지금과 같은 팬데믹 상황에서 위기관리 거버넌스와 관련하여 이러한 공간의 중요성은 어느 때보다 부각되고 있고, 실제로 포스트팬데믹 시대의 새로운 정치를 창출하는데 지금의 위기 국면은 더 없는 기회이기도 할 것입니다. 이런 관점에서 볼 때, 저는 중국 연구자로서 선생님께서 말씀하시는 아래로부터의 정치체 형성 과정에서 중국과의 상이성이 특히 눈에 띕니다. 중국은 향토사회 운동이라고 하는 것이 현재 대대적으로 일어나고 있는데, 이것은 과거 중국 혁명 당시에 만들어졌던 농촌 소비에트를 재현하려는 시도입니다. 그런데 그것이 다시 만들어지는 과정에서 국가와 지방정부, 민간사회가 구별되지 않는 결합된 형태로 구성되고, 거기에 학자들이 참여해서 이데올로기를 만들어 내고, 다시 그렇게 형성된 집합적 단위를 통해 새로운 생산 경제를 구축하는 방향으로 나아가고 있습니다.

이와 비교할 때 인도네시아에서는, 특히 코로나 위기라는 문명사적 전환의 국면에서 아래로부터의 공동체 이니셔티브가 새로운 정치사회 구축을 위한 지향을 다소 결여하고 있는 것은 아닌가 의문이 듭니다. 반자본주의가 되었든 탈자본주의 혹은 탈성장 전략이 되었든 어떤 지향점을 이념적으로나 가치지향으로서나 특정한 것으로 의미화 시켜야 할 필요성이 있지 않을까 하는 생각입니다.

또 하나는 인도네시아의 노동 인구가 상당히 젊고, 그에 근거한 디지털 경제가 인도네시아 경제의 미래 패러다임으로 부상하고 있다는 점입니다. 실제로 청년세대가 주도하는 이른바 '유니콘 기업'이라고 하는 성공한 스타트업들이 속속 등장하고 있기도 합니다. 그런데 이러한 발전이 농촌이나 도시의 빈민 공동체 운동과 어떤 관계를 형성하는지 의문입니다. 디지털 경제는 문화적으로 창의적 기업가주의에 기반을 두고 있고, 인도네시아 젊은이들 사이에서 높은 인기를 누리는 케이팝 역시 신자유주의 통치성의 장치라는 분석이 있습니다. 이처럼 개인주의와 소비주의가 청년세대의 지배 이데올로기로 확립된 상황에서 공동체 운동의 미래를 낙관적으로 전망하기는 어려울 것 같습니다. 이러한 맥락에서 저는 선생님께서 언급하신 디지털 액티비즘이라는 개념에 주목하게 되는데, 디지털 경제, 플랫폼 자본주의와 디지털 액티비즘의 연계 고리에 대해 좀 더 구체적으로 설명해 주시면 인도네시아 사회의 현 국면에 대한 보다 선명한 그림이 그려질 수 있을 것 같습니다.

○ 이기웅

저도 이 대목에서 하나 질문을 드리면, 선생님의 「흐름의 전환 －미래 마을 문명의 구축」이라는 논문을 보면 '마을의회village congress'라는 제도가 나오는데, 이게 어떤 것인지, 이것의 지위와 권한은 무엇인지 설명해 주셨으면 합니다.

○ 멜라니 부디안타

먼저 백 교수님께서 말씀하신 것에 대해서, 그 모든 갈래들이 다양한 양상으로 작동한다고 대답할 수 있겠습니다. 온라인도 있고 오프라인도 있고, 젊은 공동체 활동가들도 있고 K-pop 팬도 있고, 이런 식으로 다 다르다고 할 수 있습니다. 그렇다면 어떻게 상호 관계를 형성할 것인가의 문제가 제기되는데, 사실 K-pop 팬덤 같은 경우는 최근 그 규모가 크게 증가하면서 일부 학자들로부터 우려의 목소리가 나오고 있습니다. 청년들이 맹목적으로 여기에 빠져들면서 자국 문화를 망각하고 중시하지 않는다는 것이죠. 그런데 저는 이것이 그렇게까지 우려할 일은 아니라고 생각합니다. 팬덤 현상은 과거부터 늘 있어왔고, 인생의 특정 시기에 왔다 가는 것이죠. 여기에 너무 몰입해서 현실을 망각하는 일은 없을 것으로 봅니다. 어쨌든 젊은층, 그리고 도시 거주자들, 그러니까 이런 대중문화를 소비하는 층과 관련된 문제는 우리가 대면하고 있는 하나의 숙제라고 할 수 있겠습니다. 이러한 집단에 대해서 이렇다 저렇다 말하기에는 이들에 대한 저의 이해가 그리 깊지 않습니다.

제가 말씀드리고자 하는 것은 다른 형태의 액티비즘인데, 캄풍 같은 경우는 도시 소외계층 밀집 지역입니다. 과거에 슬럼이라고 불렸던 지역이죠. 지금은 슬럼이라는 말을 잘 안 씁니다. 어쨌든 이런 도시 캄풍에 새로운 환경을 만들고자 하는 운동이 벌어지고 있습니다. 페인트를 칠한다거나 주변 환경을 개선하고, 도시농업을 하는 운동도 있습니다. 이와 함께 도시가 여기에서 배우자고 하는 각성이 일어나고 있습니다. 여기가 그냥 빈곤에 찌든 버려진 곳이 아니라 무언가 새로운 문명이 발생할 수 있는 곳임을 보여주고자 하는 것입니다.

이러한 운동은 농촌과도 연계가 가능합니다. 사실 농촌 지역이 팬데믹의 영향에서는 가장 안전하다고 할 수 있습니다. 어차피 야외 공간에서, 자연환경 속에서 살아가는 것이 농촌의 생활양식이다 보니까 감염의 위험이 굉장히 적습니다. 그래서 실제로 정부에서 발표한 조사 결과를 봐도 농촌지역의 대부분은 그린 존입니다. 자카르타는 레드 존, 블랙 존이 대부분인 데 비하면 놀라운 일인 것이죠. 이런 점에서 도시는 농촌에서 배워야 합니다. 어떻게 하면 도시도 그린 존이 될 수 있을 것인가. 지금 도시는 오염도 심한데, 이런 마을 운동은 도시 거주자들에게 도시적 라이프스타일 말고도 좀 더 건강한 삶의 방식이 있다는 것을 다시 한 번 일깨워주는 역할을 합니다.

나아가서 마을에는 오랜 세월 동안 켜켜이 싸여온 문화가 존재합니다. 이것이 도시화가 되면 사라지고 잊히는 것이죠. 우리가 할리우드 같은 중심부의 지배적 문화 혹은 외래의 글로벌 대중문화 등에 빠져들면 우리 스스로의 문화와 지혜를 잊어버립니다. 마을은 이런 문화와 지혜의 보고이기 때문에 이를 되살릴 필요가 있습니다. 민간요법 같은 것을 사례로 들 수 있겠죠.

동자바 지역의 경우 한 마을 주민의 절반 정도가 도시로 옮겨갔습니다. 결국 마을에 남은 것은 노인과 어린이뿐이었습니다. 그래서 한 활동가가 이곳에 들어가서 어린이들을 위한 커뮤니티 활동을 시작했습니다. 처음에는 여기에 비인가 학교를 세우고, 어린이들을 모아 대나무 게임도 하고, 춤도 가르치고 고 하는 일을 했습니다. 나중에는 홍콩으로까지 초대를 받아서 이런 게임과 공연을 하기도 했고요. 이런 과정에서 이 캄풍이 바깥 세상에 알려지게 되고, 축제도 할 수 있게 되고, 그것이 결국 국제적 행사로 커지게 되었습니다. 각국의 활동가들이 서로 연결되고 초대하면서 국제적 연대가 점차 굳건해지고, 이와 함께 캄풍의 경제도 크게 성장했습니다. 여기에 이제는 팬데믹으로 일자리가 없어진 이주노동자들이 돌아오고 있습니다.

팬데믹 이후 다른 나라로 일자리를 찾아 나갔던 노동자들의 80퍼센트가 돌아왔습니다. 그러니 이들을 위한 일자리가 만들어져야 했습니다. 그래서 여러 캄퐁들이 어머니를 위한 학교, 조부모를 위한 학교 같은 일을 시작했습니다. 활동가들은 이를 위한 재원을 마련하려 여기저기에서 기부도 받고 재정지원을 받기 위해 분주하게 움직였는데, 이 과정에서 이들이 하는 일이 점차 알려지게 되었고, 사람들 사이의 연결을 더 강화되었습니다. 그리고 팬데믹 시기에 캄퐁 간의 디지털 연결망을 구축하게 되었는데, 이를 통해 캄퐁 간의 연결망이 더욱 확장되었습니다. 이제 행사가 있을 때마다 즉각적으로 홍보가 가능해졌고, 서로 간에 지식을 공유하기도 하고, 온라인 수업이나 워크숍을 열기도 합니다. 온라인으로 일회성 행사를 하다 보니 비용이나 준비 면에서 매우 간단하고 효율적으로 할 수 있게 된 것이죠. 이렇게 다양한 방식으로 플랫폼이 활용되고 있습니다. 또 예를 들어 천연비료를 만드는 일, 약초 등의 지방 산물을 타지역에 온라인으로 거래하는 일, 그리고 이러한 교류의 시스템을 협력적으로 구축하는 일 등, 이 모든 것이 마을의회라는 틀에서 이루어집니다.

마을의회는 자카르타에 있는 한 마을에서 시작했고요, 그 지역에 있는 다른 마을들이 모두 참여할 수 있도록 초대했습니다. 이렇게 형성된 자카르타 마을의회는 마을의 미래, 문제들, 그리고 기타 여러 가지 이슈에 대해 21개 정도의 출판물을 간행했습니다. 여기에는 아동교육에서 디지털 매체의 활용법, 마을의 공공보건에 관한 문제 등이 포함됩니다. 물론 이 모든 것이 마을 자체적으로만 진행된 것은 아니고, 정부의 일정한 지원도 있었습니다. 게다가 이것이 해결한 문제도 많지 않습니다. 현재 150개의 마을이 참가하고 있는데, 인도네시아의 마을 수가 한 35만~40만 개임을 감안하면 극소수에 불과한 상황입니다. 그럼에도 불구하고 저는 이런 이니셔티브가 존재하고 작동하고 있다는 것만으로 매우 의미 있는 일이라고 생각합니다. 그럼 이러한 움직임과 도시의 청년들을 어떻게 연결하는가? 뚜렷한 방법은 아직 없습니다. 그런데 교육부에서 자유대학Free Universality이라는 프로그램을 도입했는데, 이것도 한 방편이 될 수 있을 것으로 보입니다. 이것은 사회봉사 프로그램인데, 여기에 참가한 학생들은 60학점 정도를 취득할 수 있습니다. 학점을 얻기 위해서는 지정된 조직에서 인턴을 하거나 기관에 가서 봉사활동을 하는데, 저희 대학에서는 캄풍 봉사활동을 프로그램으로 구성했습니다. 어떤 활동이든 상관없이 캄풍에서 필요로 하는 봉사를 하면 학점으로 인정이 되는 것입니다.

저는 이런 활동을 통해서 자카르타에 있는 젊은 학생들만이라도 그런 연대를 만들어 낼 수 있기를 바라고 있습니다. 이를 위해서는 여러 가지 다양한 방법이 있을 수 있겠죠. 물론 젊은이들의 관심을 끌어 모으는 것이 조금 쉽지는 않을 것입니다. 그런데 제가 한 가지 흥미롭게 본 것은 마을에 사는 젊은이들도 디지털 쪽으로 굉장히 익숙해져 있습니다. 그들이 온라인 발표 자료를 만들고 프레젠테이션하는 것을 보면서 깜짝 놀란 일이 많았습니다. 그럼 궁금해하신 것처럼 이것이 정말 현실의 문제에 대한 하나의 대안이 될 수 있는가? 저는 그럴 수 있을 것이라 생각합니다.

물론 공동체 기반의 아래로부터의 변화에 대해 희망적이라고 말하기에는 아직 시기상조인 것으로 보입니다. 자본주의 구조를 변경할 수 있는 그런 차원에서 생각해서는 안된다는 것이죠. 그러기에는 아직 멀었거나 아니면 애초부터 그것과 무관한 것일 수도 있습니다. 제가 접한 바로는 실제로 마을 사람들이 많이 생각하는 것은 관광입니다. 이들은 지역의 자원을 활용해 마을의 경제를 성장시키고 삶을 윤택하게 하는데 관심이 있습니다. 그래서 저는 이들을 만날 때 이런 이야기를 많이 합니다. "팬데믹이 발발하고 나니 관광객들이 오지 않는 것을 보시라. 이처럼 관광은 공동체가 자생적으로 유지할 수 있는 것이 아니다. 외부 환경에 의존할 수밖에 없다." 그렇기 때문에 외부의 영향을 받지 않는 지역사회 기초의 자생적 경제를 건설하는 것이 중요하다고 강조하고 있습니다. 뿐만 아니라 "에코투어리즘이든 뭐든 다 좋은데, 너무 큰 규모로 관광지가 개발된다면 이 마을 자체가 파괴될 것"이라는 말도 많이 합니다. 향후에는 관광산업이 어떻게 마을을 파괴시켰는지, 대기업의 자본이 어떻게 지역 사회를 황폐화시켰는지 등에 대한 사례를 좀 더 수집해서 집중적인 캠페인을 벌일 생각입니다.

우리는 자본주의 외부에 있는 것이 아니라 그 내부에 살고 있습니다. 캄풍의 역할은 자본주의 내에 일종의 역공간閾空間, liminal space[2]

을 만드는 것입니다. 자본주의의 논리에 완벽히 종속되지 않는 자율적 공간을 구축하는 것이죠. 이것은 가능하다고 생각됩니다. 여기에는 캄풍을 일종의 브랜드화하는 전략도 포함될 수 있을 것 같습니다. 대안적 라이프스타일의 공간이라는 이미지를 부여하는 것이죠. 이것이 가능해진다면 캄풍이 어느 정도 현실적 힘과 의미를 획득할 수 있을 것으로 보입니다.

○ 백원담

마을의회에 관한 말씀을 들으니 과거 가룻에서의 경험이 떠오릅니다. 그곳에 갔을 때 마을 학교에서 역사·철학·과학의 세 과목만 가르치는 것을 봤습니다. 그래서 이유를 물으니, "그것만으로 충분하다"고 답하시더라고요. 거기서 교육받은 학생들은 이후 농민활동가가 되기도 하고, 대학을 가는 경우도 있는데, 학생들이 어떤 선택을 하든 마을에서 지원해주는 구조가 확립되어 있다고 들었습니다. 저희는 실제로 학교에 가봤습니다. 농민운동가와 활동가를 육성하는 공간을 견학했는데, 주로 농민운동과 관련한 NGO 단체들에 파견하기 위한 교육이 이루어지고 있었고, 모든 학생은 기숙사에서 함께 생활하면서 체험 위주의 교육을 받고 있었습니

---

2   역공간이란 주요 사회제도 사이(betwixt or between)에 위치한 공간을 의미한다. 예를 들어 사적 영역에도 공적 영역에도 속하지 않는 공간으로서, 사회의 지배적 규율과 질서에서 벗어나 자유롭고 변동적인 특성을 지닌다.

다. 그걸 보면서 저는 이런 구조가 생길 수 있다는 사실에 새삼 놀라웠습니다.

이후 당시 우리를 안내한 인도네시아 친구들을 따라 인도네시아 사회·문화운동 활동가들의 전국 회의를 참관하러 갔습니다. 운동의 각 부문별 대표자들이 한데 모여 논의를 하는 장이었습니다. 열띤 회의가 있었고, 마지막에는 묵띠묵띠^Mukti-Mukti라는 민중가수가 나와 함께 노래 부르고 새로운 반둥정신을 이야기하며 헤어졌습니다. 회의에서는 교육의 프레임을 다시 짜는 것에 대해 논의되었는데, 개인적으로 이것이 미래 지향적 관점에서 새로운 정치사회를 구축하는 경로일 수 있다는 생각이 들었습니다. 그것이 지금 선생님께서 말씀하신 캄풍 운동과 일정한 연계를 맺을 수 있다고 봅니다.

○ 이기웅

이제 오늘의 마지막 질문을 드릴 시간이 되었습니다. '코로나 이후의 미래 전망'인데요, 많은 논평가들이 지금의 팬데믹 상황을 보건위기니 건강비상사태니 자연재해니 이런 프레임으로 가두는 것에 대해 반대합니다. 그러면서 파괴적이고 낭비적인 신자유주의적 지구화를 위기의 주된 원인 혹은 문제로 지적합니다. 두 분 선생님도 신자유주의적 지구화에 대해 오랫동안 비판을 해오셨는데, 멜라니 선생님 경우는 그에 대한 대안으로 제시하신 것이 마을 문명village civilization입니다. 지금까지 들은 바에 의하면 선생님의 이러한 생각은 굉장히 인도네시아적인 해결책으로 들리는데요, 좀 전에도 말씀하신 것처럼 이에 대해 실현 가능성이 얼마나 크냐의 문제를 따질 상황은 아닌 것 같습니다. 하지만 '왜 대안이 마을 문명이어야 하는가?'라는 부분에 대해서는 여쭤볼 수 있을 것 같네요.

팬데믹으로 돌아가서, 작년 이맘때만 해도 세상이 곧 무너질 것만 같았습니다. "우리는 결코 과거로 돌아갈 수 없을 것이다"라는 신념이 팽배했고, 그런 분위기 속에서 팬데믹 이후 새로운 세계질서에 대한 전망 혹은 시나리오가 엄청나게 쏟아져 나왔습니다. 그런데 지금은 담론의 지형이 급격한 변화를 겪고 있는 것 같습니다. 특히 백신 정국에 들어서면서 백신의 신뢰성, 수급의 효율성, 백신을 둘러싼 국제 정치적 역학 등이 주된 의제로 부상했고, 이러한 담론의 변화는 어떤 의미에서 올드노멀로의 회귀에 대한 열망을 반영하는 것으로 보입니다. 이런 맥락에서 포스트 코로나 전망과 관련한 중요 키워드로 뉴 노멀에 대한 선생님들의 의견을 여쭙고 싶습니다. 멜라니 선생님께서는 이 용어를 인도네시아 정부가 고안한 특수한 의미로 사용하고 계시는 것 같은데, 여기에서 뉴 노멀의 의미는 무엇인지, 그것을 왜 넘어서야 하는지에 대해서 말씀해 주셨으면 합니다.

○ 멜라니 부디안타

저는 우선 백원담 교수님께서 언급하신 인도네시아의 정치사회에 대해 말씀드리는 것으로 저의 답변을 시작할까 합니다. 인도네시아의 상황은 현재 인도나 중국에서 대두하고 있는 것과는 다릅니다. 정치적으로나 문화적으로, 그리고 행동을 담당하는 주체들도 다 다르다고 볼 수 있겠습니다. 일차적으로 캄풍의 활동가들은 문화운동가 혹은 문화노동들입니다. 예술가, 무용가, 전통예술에 종사하는 분들이 대다수를 차지하고, 이런 분들은 교육과 관련한 문화자본 및 사회자본을 보유하고 있습니다. 이를 통해 외부 세계와의 연결을 가능케 하는 것이죠. 이런 점에서 이들은 캄풍을 다양한 자원과 연결하는 대리인의 역할을 수행합니다. 이와 동시에 이들은 캄풍 내의 다양한 비공식적 지도자들과도 연결을 맺습니다. 예를 들어 자바섬 서부의 순다족Suku Sunda 같은 경우는 울라마 Ulama라는 이슬람교 비공식 지도자가 있습니다. 그들은 쁘산뜨란 Pesantren, 이슬람 기숙사학교 같은 이슬람 기구들을 관장하죠. 지역 활동가들은 이들과 연결을 맺음으로써 이러한 자원에 접근할 수 있게 됩니다. 이와 같이 문화노동자로서, 내외부적 연결의 매개로서 마을의 문제 해결을 위해 활동하는 과정에서 이들은 일정한 정치자본을 획득하게 됩니다. 그리고 이를 통해 지역사회의 주변화된 계층을 위해서도 목소리를 낼 수 있는 것이죠.

활동가들은 디지털 포럼에서 서로 접속하고, 어디선가 해결을

요하는 문제가 생길 경우 도움을 줄 수 있는 다른 주체들과도 연결이 도모됩니다. 예를 들어 저희가 캄풍 간 디지털 포럼 내에서 일부 참가자가 성차별적이거나 인종차별적인 발언을 할 수도 있습니다. 그러면 다른 활동가가 거기에 대해 이의를 제기하는 겁니다. "그것은 불편한 말씀입니다. 그런 말씀은 이러저러한 이유에서 하시면 안 됩니다"라고 대화가 이어지면서 서로 간에 배움의 과정이 진행되는 것이죠.

저는 이것이 대단히 훌륭한 디지털 액티비즘의 모델이라고 생각합니다. 이를 통해 각각의 캄풍이 고유의 지식을 보존할 수 있고, 보존된 지식을 공유함으로써 다양한 분야에서 교류와 협력이 가능해질 수 있기 때문입니다. 수질환경, 대기오염, 보건 등과 같은 문제에서 전문가들과 연구자들이 협력 연구를 수행하는 것과 유사한 것으로 생각하시면 될 것 같습니다.

예를 들어 동자바의 치르본Cirebon이라는 마을에서는 이주 문제에 초점을 맞추면서 아까도 말씀드렸던 조손가정을 위한 학교를 만든다든가 하는 경험이 있는데, 디지털 플랫폼을 통해 이러한 경험을 공동체 안팎으로 공유할 수 있는 시스템과 지식을 갖추게 된 것입니다. 이러한 아래로부터의 변화를 통해 구성되는 정치사회는 다양한 면모를 지닐 수밖에 없습니다. 단일하고 일괴암적인 것이 아니라 상이한 주체들의 상이한 상호작용을 통해서 만들어지는 다양하고, 지역적이며, 복수적인 것이라고 말씀드릴 수 있겠습니다.

그럼 이제 팬데믹 이후 우리는 어떻게 할 것인가. 사실 뉴 노멀이라는 말은 조코위 정부가 만들어낸 말로서 기본적으로는 과거를 '노멀'로 상정하고 그것으로 회귀한다는 것을 의미하는 용어입니다. 단, 여기서 '뉴'라는 수식어는 방역수칙을 지칭합니다. 즉 뉴 노멀은 마스크 착용, 사회적 거리두기 등 방역수칙이 적용된 노멀을 뜻하는 것이죠. 그런데 사실 과거는 애초부터 노멀이 아니었습니다. 팬데믹을 초래한 상황을 어떻게 '정상'이라 부를 수 있겠습니까? 환경 파괴와 과도한 소비주의, 그리고 자본주의적 탐욕, 이런 것들이 결국 팬데믹의 상황을 만든 것입니다. 저는 이러한 '노멀'로 돌아가는 것을 원치 않습니다. 돌아간다고 해도 달라진 노멀로 돌아가야죠.

그렇다면 어떻게 바꿀 것인가? 자연에 대한 우리의 인식을 바꿔야 됩니다. 자연은 우리의 자산이자 우리가 관리를 해야 하는 것인데, 사실상 도시에서 자연은 이미 사라진 상태입니다. 우리가 다 파괴해버렸습니다. 마을에는 아직 좀 남아있지만, 현재의 추세라면 이것마저도 머지않아 사라지겠죠. 실제로 이미 마을들도 도시화가 많이 되었고, 더욱 두려운 것은 점점 더 많은 마을들이 도시화의 꿈을 꾸고 있다는 점입니다. 그것도 수백만이 거주하는 하이퍼시티의 화려하고 첨단 기술이 지배하는 도시의 꿈을 꾸고 있는 것이죠.

그럼 자연이 설 자리는 어디에 있을까요? 마을로 돌아간다는 것은 과거로 돌아가는 것이 아닙니다. 우리가 가진 것을 보존하면서 그것의 소중함을 다시 깨닫는 것입니다. 우리가 자본주의를 극복할 수 없다면, 조금이라도 완급을 조절할 필요가 있습니다. 조그만 틈새라도 만들어서 다른 방식의 삶이 영위될 수 있는 공간을 확보해야 합니다. 돌봄의 가치, 공유의 가치 같은 것들을 되살리기 위한 문화 공동체 혹은 룸붕 운동의 필요성은 점점 더 절실해지고 있습니다. 물론 이 운동이 얼마나 나아갈 수 있을 것인지에 대해서는 단언하기 어렵습니다. 그럼에도 이것이 우리에게 가능한 새로운 미래라는 점에 대해서는 의문의 여지가 없습니다. 진정으로 이러한 방향의 변화를 이끌어 낼 수 있기 위해서는, 제가 생각하기에 결국 인터아시아 차원의 협력이 있어야만 가능할 것 같습니다.

인터아시아라고 한다면 인도네시아는 예를 들어 한국의 경험으로부터, 한국의 또 다른 형태의 집합주의로부터, 한국의 농촌으로부터 무엇을 배울 수 있을 것인가, 무엇을 보존해야 하고, 어떻게 지식이 전수되고, 또 서로 간에 이러한 지식을 교환할 수 있을까. 이런 문제들이 본격 논의되어야 할 것입니다. 저희는 태국에서는 이미 많은 것을 배우고 있습니다. 가장 대표적인 것이 에코 엔자임eco enzyme입니다. 타이의 한 저명한 학자 분께서 에코 엔자임이라는 것을 만들어 환경친화적 천연비료로 활용하는 법을 개발하셨는데, 이것이 태국을 비롯한 동남아시아 여러 나라로 확산되어 공동체 단위에서 많이 사용되고 있습니다. 저는 이런 것이 우리가 미래로 나아가는 데 있어서 작지만 중요한 한 변화라고 생각합니다.

○ 백원담

지금 멜라니 선생님께서 자연이라는 자원에 대해 말씀해 주셨는데, 결국은 저희가 할 수 있는 일, 해야 될 일이 무엇일까에 관한 이야기라고 봅니다. 저는 그런 관점에서 다시 고민을 하게 된 게, 아시아를 가로지르는 수많은 선들 중에 결연의 선들은 누가 만들었나 하는 문제입니다. 자본의 지구화로 인하여 자본의 바깥이 사라진 상황에서 특히 아시아 권역에서 자본의 이동뿐 아니라 노동의 이동도 활발해졌고, 이와 함께 결혼을 통한 이주도 활성화되었습니다. 이런 과정에서 연결성이 크게 증가했고, 다양한 경험이 공유되었습니다. 우리가 지난 20년간 고심하고 연구했던 아시아를 잇는 문화교통도 그 가운데 더욱 발전했고요. 저는 이러한 탈경제적 결연들이 새롭게 생기는 것이 반둥회의에서 추구되었던 국가 간 연대가 사회적 연대의 차원으로 이행하고 있음을 표상한다고 봅니다. 이러한 흐름 속에서도 로컬에 집중하는 것은 중요하다는 생각입니다. 그런데 저는 선생님께서 말씀하신 것과 다른 각도에서 로컬의 중요성을 사고해볼까 합니다. 아시다시피 미국의 인도-태평양 전략, 중국의 일대일로一帶一路, One belt, One road 등 강대국들은 각자의 세계전략을 갖고 각축을 벌이고 있습니다. 이 가운데 조코위 대통령은 해양축 선언maritime axis이라는 것을 통해 이러한 흐름에 참가했습니다.

그렇다고 한다면 이런 국가 차원의 세계전략들과 자본 주도의 신자유주의 지구화에 대한 공동의 대응이 필요하게 됩니다. 자연스럽게 이러한 대응의 거점은 지역이 될 수밖에 없는데, 과연 로컬이 그러한 세계 인식의 전환을 이룰만한 역량을 확보할 수 있을까, 이를 위한 새로운 주체는 어떻게 형성될 수 있을까, 그리고 무엇을 새로운 가치지향으로 정립해야 하는가라는 문제들이 연이어 제기됩니다. 멜라니 선생님께서 말씀하신 공동체의 경우도 화이부동和而不同, 즉 동同의 논리가 아닌 새로운 조화의 논리, 관계의 논리가 형성되어야 할텐데, 그것이 어떻게 가능할까. 포스트 팬데믹 시대는 올드노멀과 뉴 노멀 모두를 극복한 새로운 질서를 구축해야 하는데, 현재의 일반적 의식구조와 삶의 지향점은 그러한 전망을 비관할 수밖에 없게 하는 것 같습니다. 예를 들어 한국의 경우, '영끌'이라고 해서 영혼까지 끌어다 주식 투자하고 부동산 투자하고 이런 식의 행태가 나타나고 있는데, 이러한 상황에서 결연을 맺고 새로운 지향을 함께 모색할 수 있는 관계성을 확보하는 것은 매우 지난한 투쟁이 될 것 같습니다.

○ 이기웅

오늘 이것으로 두 분의 대담은 마치도록 하겠습니다. 이제 질의응답 순서가 남았는데요. 저희가 시간이 그렇게 많지 않기 때문에 질문을 많이 받지는 못할 것 같습니다. 그래서 청중 질문을 하나만 받도록 하겠습니다.

"팬데믹으로 큰 어려움을 겪고 있는 독일의 경우 2021년 2월에 '아이들에게 미친 팬데믹의 영향'이라는 주제의 연구보고서가 방송에서 소개되었습니다. 독일에서도 아이들이 정신적이든 육체적이든 가정폭력에서 자유롭지 않았고, 특히 유럽에서 아시아 여성으로 10년 이상 살고 있는 제게는 비非백인 아이들, 이민 배경이 있는 아이들의 정신적 고통이 그렇지 않은 아이들보다 최소 2배가 더 가중되고 있다는 조사 결과였습니다. 독일은 다문화 이민국가이지만 실제로는 타문화에 대한 포용력이 여러 면에서 매우 부족한데요. 선생님께서는 인도네시아의 경우 1,000개 혹은 그 이상의 다양한 민족과 언어가 공존한다고 하셨는데 혹시 팬데믹으로 어떤 특정 민족들을 인종차별 선상에서 차별하거나 마녀사냥이 이루어진 현상은 없었는가 궁금합니다. 그리고 인종차별이 없다면 문화적, 역사적 배경 같은 비결이 뭔지 알고 싶습니다."

○ 멜라니 부디안타

인종차별은 있습니다. 특히 중국인에 대한 인종적 스테레오타

입이 강하게 있습니다. 중국인들은 탐욕적이고 남을 이용하고 이기적이라는 인식입니다. 이게 사실 식민시대의 잔재인데요. 네덜란드 식민시대 때 중국인들을 원주민보다 우위에 놓고 이들에게 다양한 특권을 줬습니다. 심지어 세금 징수권까지 주면서 인도네시아인들에 대한 모든 악행을 대신 하도록 만들었습니다. 그 결과로 해방 후 중국인들은 인도네시아에서 집중적인 차별의 대상이된 것이죠. 뿐만 아니라 쿠데타 같은 위기 국면이 조성되면 중국인들이 항상 희생양이 됩니다. 대중적 분노와 공격의 대상이 되는 것이죠. 정당들도 이러한 상황을 이용해왔습니다. 수하르토 대통령의 신질서 시기에 중국인들은 정치 참여가 허용되지 않고 경제활동만 할 수 있습니다. 그리고 경제활동에 종사하는 중국인들은 권력자에게 금품을 상납해야 하는 구조가 성립되어 있습니다. 이는 매우 오랜 역사적 뿌리를 갖고 있는 문제입니다.

조코위 대통령도 그렇고 특히 구스 두르Gus Dur, Abdurrahman Wahid 대통령은 본인 역시 중국계 혈통을 물려받았기 때문에 이러한 현실을 타개하기 위해 많은 노력을 했습니다. 예전에는 중국어 사용도 금지되었고, 음력설을 쇠는 것도 허용되지 않았습니다, 1965~66년 공산주의자 대학살 시기에 법제화되었죠. 그 후로 이런 금지가 풀리면서 상황이 호전되기는 했지만, 중국인들에 대한 해묵은 편견은 아직 상존합니다. 그런데 중국인의 경우에는 소수민족이라고 해도 경제적으로는 인도네시아 평균을 훨씬 상회하는 생활을 하고 있습니다. 물론 중국인이라고 다 잘사는 것은 아닙니다. 칼리만탄의 경우는 극빈층의 중국인들도 많이 있습니다.

중국인 외에도 소수종교 신자들이 차별의 대상이 됩니다. 기독교나 이슬람 내에서도 소수 종파들이 있습니다. 아흐마디야^Ahmadiyya같은 것이 대표적이죠. 아흐마디야는 종파에 대한 차별은 굉장히 심합니다. 폭력을 당하는 경우도 많고요. 레포르마시^reformasi, 민주개혁 이전의 수하르토 독재 시절에는 뭐든 군사적 수단으로 해결하려 했습니다. 그래서 표면적으로 사회는 평화로웠죠. 레포르마시 이후 사회가 민주화되면서 여러 갈등이 분출하게 되었습니다. 사회적 갈등이 수면 위로 떠오르면서 혐오 표현도 증대하고, 그래서 과거에 비해 갈등이 증가한 것으로 보이게 되었죠. 예를 들어 자바 출신의 사람이 다른 섬에 가서 거주한다고 하면, 원주민들이 그들에게 위협을 느끼고 차별하기도 합니다. 이런 식의 갈등이 굉장히 많습니다. 사회적 차별과 갈등은 오랜 역사를 지니기 때문에, 해결을 위한 많은 노력에도 불구하고 좀처럼 해결되지 않고 있습니다.

그런데 가장 최악의 형태는 테러입니다. 바로 어제^2021.3.28도 술라웨시^Sulawesi섬 마카사르^Makasar의 가톨릭 성당에 자살테러 공격이 있었습니다. 경찰과 정부에서 급진주의 테러리즘을 억제하고자 많은 노력을 기울이고 있음에도, 소수자를 대상으로 하는 테러가 종종 발생합니다. 앞에서도 말씀드렸지만 인도네시아는 다양성이 높은 나라입니다. 소외된 계층, 소외된 지역, 소외된 마을도 많고, 여기에 속한 사람들에게는 하루하루의 생존이 목숨을 건 투쟁입니다. 제가 한 글에서도 썼지만, 어느 오지에서 한 여성이 자녀 3명을 살해를 했는데, 그 이유가 먹을 것이 없어서였습니다. 3일 동안 내리 굶고 희망을 잃어서, 아이들을 죽이고 자신도 죽으려고 했던 건데, 혼자 살아난 것이죠.

인도네시아 사회는 이처럼 아직 국가적 수준에서 화목한 조화에 도달하지 못했습니다. 특히 소외지역이나 오지에서는 문제가 더 심각합니다. 어찌 보면 완전히 고립된 지역에서는 갈등이 별로 없다고 할 수도 있습니다. 자카르타나 기타 대도시 지역에서 갈등이 더 많다고 할 수 있겠죠. 그런데 오지는 오지대로 경제적 빈곤에서 파생되는 여러 문제가 있습니다. 코로나로 인해 경제적 문제에서 자유로운 사람은 없지만, 빈곤층은 배가된 어려움을 겪습니다. 인도네시아 사회는 이처럼 해결해야 할 숙제가 아직 많이 남아 있습니다.

그런데 나쁜 것만 있는 것은 아닙니다. 인도네시아는 여러 언어를 사용하지만 바하사 말레이어Bahasa Melayu라는 공용어가 있습니다. 그렇기 때문에 어디서든 누구와도 소통할 수 있고, 이는 통합의 중요한 기초로 작용합니다. 또 하나 중요한 것은 온건 이슬람이 대다수를 차지하고 있다는 점입니다. 백원담 교수님께서 말씀해 주셨던, 사람들이 한데 모여 지위와 성별 구분 없이 형성한 평등한 공동체 문화는 온건 이슬람 공동체였기에 가능한 상황입니다. 물론 소수이기는 합니다만 극단주의자들이 존재합니다. 이들이 폭력 행위를 한다거나 테러 범죄를 저지르는 것이죠. 저는 팬데믹을 통해서 인도네시아 사회가 갖고 있는 그런 취약점들이 보다 도드라지게 드러나게 되었다고 생각합니다. 이제 드러난 문제를 해결하기 위해 매진해야 하는데, 이는 상당히 어려운 과정으로 예상됩니다.

○ 백원담

오늘 설명을 못하신 게 있어서 마지막으로 멜라니 선생님께 하나 질문을 드려볼까 합니다. 저의 질문은 젠더 문제에 관한 것인데요, 팬데믹 국면에서 여성들의 가사노동 부담이 배가되고, 사회적으로도 노동의 소외가 격화되는 현상이 발견됩니다. 선생님께서는 팬데믹 시기 인도네시아에서 여성들이 연대하는 경로들을 구체적으로 보여주실 수 있을 것 같습니다. 저는 바틱Batik이라는 인도네시아 염색법을 탈성장 혹은 대안적 사회적 경제의 메타포로 바라볼 수 있다는 생각을 갖고 있습니다. 주로 젠더화된 바틱의 생산과정은 굉장히 섬세한 협업을 통해서 이루어지는데, 이러한 수공예, 탈자본주의적이고 환경친화적이며 여성중심적인 생산이 새로운 삶의 방식을 정초할 수 있는 모델로 활용될 여지는 없는지에 대해 선생님의 생각은 어떠신지 여쭙고 싶습니다.

○ 멜라니 부디안타

백원담 교수님 감사합니다. 인도네시아에서 여성운동은 여러 단계를 거쳤습니다. 신질서 시기에는 모든 것이 정부의 통제 하에 있었습니다. 당시 정부는 여성을 정부의 조력자 혹은 지지자로 규정하고, 여성의 역할을 양육자로 한정했습니다. 여성을 철저히 종속적 지위에 묶어놓았던 것이죠. 그런데 1998년에 150여 명의 중국계 여성이 체계적으로 성폭행 당한 사건이 발생했습니다. 누가 범인인지는 아직까지도 알려지지 않았습니다. 좀 전에도 인도네시아에 중국인들을 희생양으로 삼는 문화가 있었다고 말씀드렸는데, 이것이 그 대표적 사건입니다. 사건의 발발 이후 인도네시아 전역의 여성들이 연대하여 '여성폭력에 반대하는 국가위원회'를 설립했습니다. 이것이 인도네시아 여성운동의 일대 전환기가 되었습니다. 중국계 여성들이 경험한 피해로 인해 다양한 계층의 여성이 연대를 하게 된 것입니다. 이는 여성운동이 인종적, 민족적 분열을 넘어섰다는 의미를 지님과 동시에 여성의 연대가 현실의 변화를 이끌어낼 수 있다는 기념비가 된 사건이었습니다.

그런데 역설적으로 민주화가 이루어지면서 이러한 힘들이 분열되었습니다. 종교적으로 샤리아Syariah 규제도 있고, 지역마다의 당면한 문제도 있고, 이런 다양한 변수들로 인해서 연대의 동력이 조금씩 소실되어 갔습니다. 결국 여성폭력에 반대하는 국가위원회는 24개월 만에 와해되고 말았습니다. 젠더 문제는 코로나 위기

상황에서 다시금 주요한 이슈로 부각되고 있습니다. 특히 저소득
층 혹은 가부장적 지배가 강한 지역사회의 여성들에게 더욱 첨예
하게 나타났습니다. 어찌 보면 팬데믹이 여성의 강고한 연대를 다
시 한 번 요구하는 경종의 역할을 하고 있는지는 않은가도 생각되
는데, 여기서의 연대는 과거와는 그 내용이 좀 다릅니다. 과거의
연대체가 국가위원회의 형태로 국가 중심적 성격을 지녔던 반면,
현재는 이런 식의 기구를 설립하는 것이 별 의미가 없습니다. 오
히려 지역 기반 혹은 이슈 기반의 연대가 훨씬 큰 힘을 발휘할 수
있습니다. 이슬람 여성 성직자 연대, 캄풍을 지키는 여성 연대 등
소규모의 다양한 민간 젠더 관련 단체들이 도처에서 출현하고 있
고, 이러한 자발적 생성이 하나의 흐름을 만들어내는 상황입니다.
그리고 이들 단체들은 상호 연결되고 교류합니다.

　하지만 아직 갈 길이 먼 것도 사실입니다. 레포르마시 이후 여
성운동이 크게 후퇴했다는 점은 이미 언급한 바 있습니다. 이후에
도 많은 좌절이 있었습니다. 그 첫 번째는 9·11테러 이후 종교적
보수주의가 대두한 것입니다. 인도네시아 여성들은 독립을 위해
싸우던 식민지 시대에 이미 여성회의Women's Congress를 갖고 있었습
니다. 1928년의 일입니다. 그런데 오늘날은 종교적 보수주의가
득세함에 따라 여성의 지위는 낮아지고, 각종 폭력의 희생양이 되
고, 심지어 폭력에 동원되기도 합니다. 얼마 전 테러 사건의 폭파
범 중 하나가 여성이더군요. 현재의 인도네시아 젊은이들은 이런

세계에 살고 있습니다. 이런 상황에서 우리는 새로운 시작을 반복해야 합니다. 그렇다고 비관적이기만 한 것은 아닙니다. 여러 방면에서 움직임이 일어나고 있기 때문입니다. 청년들이 이러한 반동적 조류에 맞서는 활동에 적극 참여하고 있습니다. 이렇게 어떤 어떤 진전을 이루고 나면 후퇴가 있고, 그것을 극복하면 다시 장애물을 만나게 되고, 바로 이것이 역사가 발전하는 방식이 아닌가 생각됩니다.

○이기웅

이것으로 성공회대학교 동아시아연구소 해외석학 초청 웨비나 시리즈 '포스트 지구화 세계질서와 아시아의 팬 정동' 세 번째 순서를 마감하도록 하겠습니다. 장시간 동안 인터아시아 지식 교류를 실천적으로 보여주신 멜라니 부디안타 선생님과 저희 연구소 백원담 소장님께 다시 한번 감사를 드립니다.

동시통역 : 이상연 · 김선정
녹취 : 임정희(에이유디 사회적협동조합)

4

흐름의 전환*
미래 마을문명의 구축

멜라니 부디안타

한국어 번역 : Eva Latifah

들어가는 말 – 팬데믹의 교훈

2020년 초부터 확산된 코로나-19로 인해 세계 문명이 흔들리고 있다. 초국가적 연결망을 기반으로 하여 구축된 글로벌 자본주의의 흐름은 국가 간 이동이 상당 부분 중단되면서 급격히 둔화되었다. 글로벌세계의 진전을 둔화시키고 있는 전염병의 확산은 첨단 기술의 주요 부분인 과학 기술과 의학을 활용하고 있는 인간의 통제력보다 더 빠르게 확산하고있다. 글로벌 도시의 라이프스타일은 전세계 스마트시티의 네트워크와 결합되면서 생산과 소비의

---

* 본 연구는 DadangAri Warsono 편, 『흐름의 전환 : 미래의 농촌 문명, 새로운 질서의 방향 – 팬데믹 시대와 추후』, 농촌마을혁신센터, 2020, 1~18쪽에 발표되었음.

획기적인 전환을 맞을 것으로 기대되었지만, 이 도시들이 전염병 확산의 진원지가 되고 있는 상황에서 글로벌 도시들의 라이프스타일이 지속가능할지도 의문이다.

이제서야 인류는 이 초현대적인 문명이 자연을 대상으로 하는 거대한 착취를 지속할 경우 이 문명도 지속가능하지 않다는 인식에 이르게 되었다. 이러한 경고는 이미 수십 년 전부터 지구온난화와 환경 파괴에 대한 담론을 중심으로 지식인, 환경운동가, 문화 관찰자들에 의해 제기되었다Klein, 2014; Kobert, 2014; Gosh, 2016. 지구의 생존을 위협하는 현대 문명의 흐름을 막기 위해 다양한 성명, 회담, 합의가 발표되었다. 이 '위험한' 문명은 소비를 위해 자연을 고갈시키는 욕심 외에도, 초강대국과 약소국, 자본가와 노동자, 중심과 주변부, 도시와 마을 사이의 커다란 격차를 특징으로 한다.

이러한 위험한 문명의 경로와 그 속도를 멈출 수 없을 때, 이를 거스르려는 자연의 움직임이 시작되고 전세계적 전염병도 그 일부로 볼 수 있을 것이다. 인간은 바이러스의 확산 속도를 늦추기 위해 일시적으로 활동을 중단하도록 강제된다. 백신의 개발과 안정적인 공급으로 바이러스가 통제된다면 삶은 소위 '뉴 노멀'로 돌아갈 수도 있을 것이다. 원래의 일상으로 돌아가지만, 감염의 가능성 때문에 '예방 수칙'에 대한 의식적인 행동과 새로운 적응이 일상화된 삶이 될 것이다. 그러나 실상 인류는 다시 위험을 초래하는 문명으로 회귀하는 것이며, 전문가들에 의하면, 이는 단지

지구의 종말을 잠시 미루는 것뿐이다.

이 낡은 문명이 잠시 멈춰 지구의 종말도 잠시 미뤄진 이 시기야 말로, 우리의 성찰이 시작되어야 할 때이다. 우선 성찰해야 할 점은, 도시는 식량과 에너지를 공급해주는 '마을'이 없다면 살아남을 수 없다는 점이다. 그러나 도시의 마을에 대한 의존은 마을을 풍요롭게 만들기보다는 정반대의 현상을 초래한다. 분명 무언가가 잘못되었다. 둘째, 판데믹 시기의 정책 논의들이 "전염병에 의한 죽음 혹은 배고픔에 의한 죽음"이라는 틀에서만, 즉 오로지 질병 통제와 경제 성장 두 가지 중 무엇에 중점을 두어야 하는지에 대해서만 논쟁하고 있는데, 실제 많은 죽음은 사회문화적 취약성에 의한 것이었다. 다양한 문화적 배경, 종교적 믿음, 교육 수준을 가진 이들과의 의사소통이 실패하면서 전염병 예방 수칙을 위반하는 사례가 많았다. 사람들은 단기간 내에 외부에서 수입된 개념인 '사회적 거리두기'를 위해 오랜 기간 유지해왔던 습관과 전통을 바꾸어야 한다는 사실에 문화적인 충격을 경험했다. 고향 그리고 마을 공동체 및 가족과의 사회적 유대가 단절되어 버린 개인들은 생존과 생계를 위한 지원 시스템과 사회적 안전망을 동시에 잃었다. 낮은 비판적 독해력을 지닌 개인들은 이미 사회적 유대를 상실한 상태에서 가짜 뉴스와 카리스마 있는 인물의 선동에 쉽게 휩쓸려 결과적으로 예방 수칙을 무시하게 된다. 이러한 사례들은 질병 통제와 경제적 측면 못지 않게 문화적 회복력과 이를 집단적으로 구축할 수 있는 사회 질서가 중요함을 보여준다. 셋째, 더 많은 녹지와 자연환경 그리고 생물 다양성을 보존하는 지역일수록 그 지역의 주민들을 지원할 수 있는 잠재력이 커진다는 점이다. 넷째, 식량 자립을 이루고 사회적 관계를 조직하며, 도움이 필요한 사람들을 돌보고, 간단한 의료 서비스를 지원하고, 즐겁게 소통하고 문화를 향유할 수 있는 창의적인 지역의 활동들을 가능하게 하는 시스템을 만들 수 있는 공동체는 개인주의적이며 타산적이며 소비지향적인 공동체보다 더 큰 회복력을 지니고 있다는 점이다.

농촌마을종합개발사업의 문제점

앞서 언급한 여러 성찰에서 얻을 수 있는 결론은, 이제 인류는 발전 중심주의가 지배적인 도시에 기반하지 않는 새로운 문명을 창조해야 한다는 점이다. 분명히 역류의 방향은 우리를 마을로 이끌고 있는데 이는 이미 사라진 과거의 마을로의 회귀도 아니고 도시적 개발을 지향하며 발전해 온 마을도 아니라는점이다.

오늘날 도시적 개발을 지향하는 농촌 지역의 전략은 가능한 많은 외화를 유입하는 것이다. 외화 유입의 주된 창구는 도시나 해외에서 이주노동자로 일하는 마을 사람들이다. 그결과 마을에는 어린이와 노인만 남게 되어 생산 가능한 노동력이 부재하거나 부족한 상황이다. 또한 농업의 특징인 고된 노동과 낮은 소득은 농부가 되어 농촌 마을에서 정주하기를 원하는 아이들을 길러내지 못한다. 이런 상황은 수십 년 동안 지속되어 왔다. 이에 대한 해결책으로 비교적 최근에 등장한 전략 중 하나는 국내외 관광객을 끌어들이는 '관광마을' 프로젝트이다. 이로 인해 무언가 생산할 수 있는 대지가 관광객을 위한 상업시설들이 들어서는 공간으로 변하고, 지역 고유의 문화예술행사는 관광객을 위한 볼거리가 되고, 농부들은 서비스업의 종업원이 되어버렸다. 농촌 마을을 글로벌 관광산업으로 편입시킨 결과는 오히려 다양한 손실과 실업을 초래했다. 또 다른 해결책으로 등장한 농촌 개발 정책은 실제로는 자연의 생물 다양성을 파괴하고 있다. 칼리만탄Kalimantan에서부터 동부 누사텡가라East Nusa Tenggara까지 많은 농촌 마을의 생산이 소비 농업에서 수출 농업으로 변화했다. 이로 인해 구근, 옥수수, 벼, 밭작물 등 기초 식량의 생물 다양성이 축소되거나 사라지게 되었다. 이로 인해 마을에 정주하는 이들이 일상적으로 필요로 하는 식량과 영양소가 부족해져서 주민들과 특히 아이들의 성장 발달이 저해되는 지경에까지 이르게 되었다.

미래의 마을 문명

지금까지 주민들의 삶을 황폐화시킨 마을 개발 사업들의 결과를 보면, 미래에는 새로운 방향의 문명을 만드는 것 외에 다른 선택이 없다. 이 새로운 문명은 식량 자립과 문화적 회복력을 가진 공동체를 중심으로 자연과 환경 친화적인 질서에 기반해야 한다. 이 문명은 생물 다양성, 사회적 연대와 결속력, 예술과 문화를 통해 인간을 인간답게 할 수 있는 보살핌의 원천이 될 지역 문화의 풍요로움에 기반해야 한다.

동시에 미래의 마을은 새로운 차원도 받아들여야 한다. 기술, 특히 정보 기술과 디지털 네트워크의 발전은 지구의 서로 반대편에 있는 마을들을 서로 연결하는 데 필수요소가 되었다. 정보기술과 네트워크에 대한 접근성을 확보할 수 있다면, 이제 마을들은 다양한 소비자들의 네트워크에 접속하기 위해 더 이상 구시대적인 채널과 중개인에 의해 좌우될 필요가 없게 된다. 마을의 공동 이익을 추구하고자 하는 의도가 공유된다면 마을의 교섭력은 높아지고 중개인이나 투기꾼의 유혹에 쉽게 휩쓸리지 않을 것이다.

새로운 마을 중심의 문명을 만드는 데 있어서 가장 필요한 것은 개인의 복지와 공동의 이익을 연계할 수 있는 사회 질서와 마을 공동체의 조직화일 것이다. 쉽게 이해하자면, 한 주민이 어려움을 겪을 경우 다른 주민들이 문제 해결을 위해 함께 해주는 것이다.

인도네시아 마을들 중에는 이러한 독특한 시스템을 이미 갖추고 있는 사례들이 있다. 발리의 수박subak과 반자르banjar라는 시스템은 농촌의 일상에서 매우 중요한 관개 작업의 조직화에 활용되고 있다. 또한 마을의 사회질서를 유지하기 위해 마을과 전통 공동체의 존재를 인정하는 '2014년 마을법the 2014 Village Law'이라는 법적 제도가 있다. 일부 지역에서는 법적 제도와 전통적 질서가 분리된 이원론이 여전히 작동하고 있지만, 지난 십여 년간 인도네시아의 여러 마을에서는 공동의 이익, 의사결정의 투명성, 아래로부터의 참여 민주주의의 원칙이 발전해 왔다. 공식적 법률 제도와의 관련성 여부를 떠나, 비공식적인 마을의 지도자, 문화 활동가, 전통 및 종교적 지도자 등이 시민들과의 의사소통 및 창의적인 협력을 위해 돌파구 역할을 했던 점을 무시할 수 없다. 미래의 마을 문명은 건강하고 활기찬 사회적 조직화가 얼마나 제대로 기능할 수 있을지에 달려 있다.

마을, 특히 전통 마을에서 사회적 결속력과 집단의 가치는 지역 관습 및 전통의 발전과도 연관이 있다. 여기서 강조하고 싶은 것은 지역의 전통과 문화는 표준적, 본질적, 정적인 것이 아니며 시대의 맥락과 사람들의 요구에 따라 역동적으로 변화하는 과정에 있다는 점이다. 이 경우 문화의 기능은 인간다움에 관한 것이고 인간에 대한 존엄성을 중요하게 여겨야 한다는 점이다. 전통의 보존이라는 이유로 인간에 대한 존엄성이 훼손되어서는 안 된다. 인도네시아 여러 지역의 관습법 중에는 마을의 젊은 세대에게 부정적 영향을 미치는 조항들이 다수 존재한다. 한 가지 사례는, 매년 행해지는 다수의 공동 의례를 치르기 위해 개인이 충족시켜야 할 사회적 의무가 상당히 커서 감당하기 어려운 정도라는 점이다. 이 의무를 제대로 충족시키기 위해 마을의 젊은이들은 종종 개인 소유의 가축과 식량을 포기해야 할 지경이다. 이는 가족 구성원 중 가장 취약한 아이들과 임산부의 영양 섭취에 위협이 될 정도이고 실제로 농촌 마을에서 5세 미만 아동에게 성장 부진이 나타날 정도라고 한다. 따라서 전통의 보존보다는 인간에 대한 존엄성과 인간다움의 고취를 통해 젠더 간 불평등을 해소하고, 다양성과 차이를 포용하며, 상대적으로 뒤쳐져 있던 부문들에 대해 주목하며, 평화를 중요시하는 마을을 조성한다면 마을은 곧 모두가 편안하게 머물 수 있는 집이 될 것이다.

　모두에게 편안한 마을을 만든다는 것은 마을을 매력적인 곳으로 만들어 젊은 세대가 마을에서 자신의 능력과 잠재력을 실현할 수 있어야 함을 의미한다. 이런 의미에서 마을은 개인들이 스스로를 존중하고 자존감을 높일 수 있는 경제적 기회를 제공할 수 있어야 한다. 농부라는 직업이 여전히 육체적으로 힘든 데 비해 경제적 대가는 매우 적어 젊은 세대들이 선호하지 않는 이런 상황을 마을 중심의 새로운 문명에서는 해체하고 뒤집어야 한다. 도시에서 교육 받은 젊은 세대가 농업을 효율적이고 매력적인 일로 만들 수 있는 농업 기술을 개발할 수 있도록 도와야 한다. 이런 사례 중 하나인 붐 데사BUM Desa는 청년들이 주도하는 조합 시스템으로 농업 자원을 조성하여 주민들에게 경제적 도움을 주는 데 기여하고 있다.

한편, 몇몇 마을은 전통적인 곡식 창고의 개념을 되살려 공동생활의 원천이 되게 하였다. 곡창을 의미하는 룸붕은 순다어Sunda로는 'leuit', 바타크어Batak로는 'sopo' 등 다양한 지역어로도 불린다. 마을 주민들의 식량 수요에 대비해 공동으로 곡식을 보관하는 관행을 폭넓게 지칭하기도 하며, 수확된 곡물을 저장하는 건물 자체를 의미하기도 한다. 룸붕 데사Lumbung Desa는 특히 마을 단위에서 기근에 대비해 주민들을 위한 식량을 저장하려는 공동의 노력이다. 현재 룸붕 데사는 문자 그대로의 의미를 넘어 은유적으로 확대되어 건조 식품 등 마을 사람들이 기부한 물품의 보관에서부터 기본적인 생활 필수품 등의 보관기능 등 마을 공동의 저장 기능을 지칭하게 되었다. 이 곡창 개념은 마을의 식량 독립과 관련이 있다. 마을은 이제 더 이상 수출을 위한 상품 작물 재배를 하는 곳이 아니다. 젊은 세대의 건강과 성장에 매우 중요한 정원과 생물 다양성을 위한 곳이어야 한다. 이제 각각의 마을은 마을 과학자들의 도움으로 '식량 다양성 연구실'이 되어야 하고 마을의 중심이 되는 지역 재배 작물을 발굴해야 한다. 이러한 운동은 정부가 씨앗을 획일화하고 농민을 지역 토종의 씨앗을 발견한 과학자가 아닌 단지 밭의 일꾼으로 역할을 축소시켜 버린 결과를 낳은 '녹색혁명the Green Revolution'의 방향을 역전시켰다.

이러한 농부들의 의식이 전환된 예로, 인도네시아 국립대 사회정치대학 인류학과 교수인 유니따 위나르또Yunita Winarto는 농촌지식점포Warung Ilmiah Petani라는 프로그램을 소개하며 농민의 '지식'을 일깨워주는 모습을 잘 보여주고 있다Winarto & Stigter, 2013. 정부의 지원을 받은 또 다른 여러 마을은 곡창의 의미를 빌려와 식량만이 아닌 마을의 문화를 저장하는 '룸붕 부다야 데사Lumbung Budaya Desa'를 만들었다. 이는 지역 예술과 전통 유산, 역사적 유물, 마을노인들의 마을 역사에 대한 집단적 기억, 지역 요리, 지역 언어, 어린이 게임, 전통의학 등 다양한 마을의 문화와 창조적 혁신 사례들을 목록화하는 작업을 하고 있다. 참여형 합의제를 통해 주민들은 마을의 정체성과 특성이 생계 수단의 자원이 될 수 있는 문화적 잠재력을 탐색한다. 이런 탐색 이후 적절한 조직과 프로세스를 구축하여 공동의 행복을 추구할 수 있는 마을을 지원한다.

마을을 관광지로 만드는 관광 마을 개념과 달리 문화예술마을로의 변화는 마을을 지식과 문화의 저장고로 변모시켜 주민을 먼저 지원한 후, 이들이 마을 밖 사람들에게 지식과 문화를 공유하도록 돕는다. 이를 통해 마을은 시민의 일상생활에 농업 문화, 예술, 전통이 통합된 새로운 지식의 중심지가 될 것이다. 주민들은 더 이상 관광객을 위한 공연을 하거나 서비스 제공자가 되는 것이 아니라 살아가면서 지속 가능한 지식, 관습 및 문화의 주체가 되는 것이다.

이러한 개념을 성공적으로 실천한 마을들이 있다. 레도콤보 Ledokombo 마을은 일찍이 마을의 젊은이들이 이주 노동자로 마을을 떠나고, 남겨진 아이들은 조부모에게 맡겨졌다. 문화 활동가와 마을 대표들의 주도로 마을은 마두라어Madura로 누에고치를 의미하는 '타노커Tanoker'라는 이름의 어린이를 위한 놀이센터를 짓게 되었다. 그곳에서 아이들은 전자 기기에 매몰되어 잊어버렸던 전통 게임인 죽마 게임을 창의적으로 부활시키는 놀이에 초대받는다. 죽마 게임을 즐기는 것은 물론이고 매년 죽마 게임 축제나 마을에 함께 남겨진 조부모를 위한 학교 등을 운영한다. 마을 생활이 활발해지면서 외부로 나갔던 이주 노동자들은 마을로 돌아오는 것에 관심을 가지기 시작했고, 지역 음식을 소개하는 등 다양한 마을 사업을 전개하고 있다Budianta & Hapsarani, 2018.

마을이 지식의 저장고가 되면 시대 변화에 따라 의미 있는 다양한 지역 문화 유산을 저장고로부터 살려낼 수 있고 어린아이들은 '뿌리 깊은 나무' 세대로 성장할 것이다. 마을의 농지, 정원, 농장 등 모든 공간이 어린이를 위한 학습 공간이 되는 대안 학교를 만들 수도 있다. 교사는 학생들에게 지식 전달과 동기를 부여함으로써 마을 구석구석을 사랑하고 돌볼 수 있는 비판적인 태도와 사회에 대한 독해력을 키울 것이며, 동시에 능숙한 디지털 서핑을 통해 마을에서도 세계를 '정복'할 수 있게 할 것이다.

맺음말 – 마을에서 인도네시아와 세계로

우리가 만들어가고 있는 마을 문명은 세계 자본주의에 대항하는 역류이다. 글로벌 자본주의는 자유 경쟁을 기본으로 하고 있지만 이미 출발부터 사회적, 경제적 자본에 대한 접근이 부족한 이들과의 '동등한' 경쟁을 강조하면서 격차를 계속 강화해왔다. 한편, 마을 중심의 문명은 '상호 협력'적인 경제질서, 포용적이고 참여적인 사회질서에 기반하여 다양한 참여자들과의 협력을 지향한다. 인간에 대한 존엄성에 기반한 정치질서는 하향식이 아닌 참여 지향적이며, 의사결정 과정에서의 숙의와 투명성을 강조한다. 마을을 발전시키는 교육은 지역 문화와 자기 긍정적 가치에 뿌리를 두고 글로벌적으로 순환되는 지식과 접속되어 있다.

디지털로 연결된 마을들은 마을들 간의 네트워크를 통해 서로 학습하며 동시에 마을들 간에 생산물들을 교환하는 경제적 파트너십으로 연결되고 더 나아가 국가적 연대를 구축하게 된다. 자바의 아이들이 아체와 파푸아의 마을에 사는 친구들과 대화하고 지식을 공유하며 협력하는 과정을 통해 일종의 인도네시아 '곡창'을 세우게 되는 것이다. 이 인도네시아의 곡창에는 존중과 애정으로 돌보는 풍부한 천연자원이 가득 저장되어 있으며 인간과 자연의 조화를 표현하는 예술과 다양한 의례는 신을 향한 감사를 표한다. 생태적인 지속가능성의 중요성은 마을 주민들뿐만 아니라 모든 인도네시아 시민들과 공무원들 그리고 국가 차원에서 강조되어야 한다. 자본주의적 욕망에 추동되어 대지를 소비 공간으로 변화시키는 것은 심각한 범죄라 할 만하다. 이러한 사례를 예방하기 위해 다양한 차원에서 정부의 정책을 모니터링하는 시민과 대중 매체의 역할이 중요하다. 중앙정부나 지역 정치에서는 그 동안 자신들만의 정치적 게임을 하기 위해 자본주의적 이윤 추구를 위한 '범죄'를 저지른 사례들이 늘 존재해왔다. 그러나 시민들이 법과 정치에 대한 이해를 통해 통찰력과 비판적 독해력을 발휘한다면 아래로부터의 감시는 자연스럽게 이러한 자본주의적 탈취를 제한할 수 있을 것이다.

마을 문명 중심의 새로운 질서를 위해 마을 안팎에서 다양한 집단 간 협력이 필요하다. 문화활동가, 원주민 공동체, 마을관리자, 중앙 정부, 사업가, 학계, 지식인, 대중매체, 마을 네트워크는 상호 보완과 협동 중심의 파트너십을 구축해야 한다. 이러한 협력은 다자 간, 학제 간, 그리고 초국가적으로 이루어져야 하며 특정 프로젝트 중심이 아닌 온전한 마을 전체와 더 나아가 인도네시아와 세계의 미래를 위해 진행되어야 한다.

참고문헌

Budianta, Melani & Hapsarani, Dhita, *Meniti Arus Lokal-Global: JejaringBudaya Kampung*, Infermia, 2018.

Gosh, Amitav, *The Great Derangement, Climate Change andthe Unthinkable*, University of Chicago Press, 2016.

Klein, Naomi, *This Changes Everything : Capitalism andClimate Change*, Allen Lane, 2014.

Kobert, Elizabeth, *The Sixth Extinction : The Unnatural History*, Henry Holt and Company, 2014.

Winarto,Y.T. & Stigter, K., "Science Field Shops to reduce climate vulner- abilities : an inter-and trans-disciplinary educational commit- ment", *Collaborative Anthropologies* 6(1), 2013.

5

비상시국

팬데믹 시기의 여성과 예술

멜라니 부디안타

(한국어 번역 : 김지윤)

2020년 12월 둘째 주, 인도네시아 미디어들이 보도하기 시작한 충격적인 뉴스는 마치 바이러스처럼 급격히 퍼져나갔다. 수마트라 북쪽 지역에서 가까운 니아스 섬의 외딴 마을에서 한 여성이 자신의 어린 자녀 셋을 살해했다. 남편이 마을 대표를 뽑는 선거에 투표하러 간 사이에 일어난 일이다. 팬데믹으로 장기간 지속된 굶주림으로 고통받던 아이들을 차마 볼 수 없던 어머니가 자살 시도를 하기 전 자녀들을 먼저 죽인 것이다.*Jakarta Post*, 2020.12.12. 인터넷과 소셜 미디어는 홀로 살아남은 이 여성을 '가학적', '비정한', '잔인한' 등의 온갖 수식어를 동원하여 비난했지만, 이 여성도 며칠 후 병원에서 위궤양으로 사망하였다.*Republika*, 2020.12.13.

극단적 사례이긴 하지만, 공적 영역의 젠더화를 확실히 보여주는 사건이다. 굶주림의 절박한 상황에도 아버지인 남성은 투표라는 정치적 참여를 하는 동안, '이등 시민'인 여성은 정치적 장의 외부에 놓여 있었고, 절박한 국민을 보호하는 데 실패한 국가의 책임을 감내하고 있었다. 팬데믹이 남성보다는 여성에게 더 부정적인 영향을 미친다는 사실이 이미 여성에 대한 반폭력 국가 위원회the National Commission on Anti-violence Against Women와 정의를 위한 여성 협회들에 의해 설립된 법률구조단체LBH APIK에 의해 확인된 바 있다VOA, 2020.7.23. 여성주의 저널인『뻬렘뿌안Perempuan』도 '여성과 코로나-19'라는 주제에 대한 2020년 특집호에서 여성에 대한 팬데믹의 다양한 영향에 대해 다룬 바 있다.

다수의 보고서들이 2020년 한 해 동안 급격히 증가한 가정 폭력에 주목했다. 전업 주부는 물론 재택근무를 하는 결혼한 여성들은 자녀의 인터넷 수업을 감독하고 무직이거나 재택근무를 하는 남편까지 돌봐야 하는 이중의 짐으로 힘들어하고 있었다. 뻬렘뿌안 저널이 강조한 또다른 측면은 바로 여성의 경제적 취약성이다. 남성에 비해 여성들은 비공식 부문에 고용된 비율이 높고, 외곽 주변부 섬들에 거주하는 경우 인터넷과 같은 정보 기술과 의료 시설에 대한 접근성이 떨어지며, 스스로 장애를 갖고 있거나 장애가 있는 가족 구성원을 돌보는 경우 다중으로 소외되는 경우가 많았다Jurnal Perempuan, 2020.

팬데믹 상황이 하위계층 여성들에게 가장 심각한 영향을 미치지만, 여성 예술노동자들을 포함한 도시의 중산층 여성도 예외는 아니다. 이들의 다수가 가정 내에서 여성에게 기대되는 역할과 자신의 전문 분야에서의 역할을 수행해야 하는 '이중 부담'을 경험하고 있다. 인도네시아 예술계 역시 이와 유사하게 젠더화되어 있다. 디르간또로Dirgantoro, 2004는 인도네시아의 페미니즘과 현대 예술에 대한 연구에서 인도네시아의 가부장적 예술계 내의 여성 예술가의 지위를 논하면서, 남성 주류의 예술 공동체가 여성 예술가들에게 가진 편견과 이들에 대한 사회적 낙인(16쪽)에 대해 주목한다. 예술 시장과 전시 시스템에서의 젠더 불균형과 이슬람 보수주의의 영향력이 증가하면서 여성 신체에 대한 검열도 강화되고 있다. 특히, 예술계는 그들만의 위계구조를 갖고 있는데 정전으로서의 예술과 갤러리에서 전시되는 현대 예술은 항상 '덜 예술적'이라 여겨지는 소예술lesser arts 보다 높은 지위를 갖는다. 주류 예술계는 직물, 공예, 공동체 예술 등으로 대표되는 소예술에 집중되어 있는 여성 예술가들을 차별해 왔다. 공간적으로도 도심이나 자바섬 이외의 외곽에 위치한 '주변부' 섬들에서 활동하는 여성 예술가들은 부족한 자원과 지원 때문에 항상 불이익을 당해 왔다.

팬데믹은 여성들에게 일종의 판도라 상자가 되었다. 일상적 삶과 직업의 영역 모두에서 주류 사회와 공적 영역이 여성들에게 가했던 차별과 부당함이 심화되고 있는 것이다. 이것이 바로 비상시국이며, 이런 비상시국에 여성들 간의 연대 운동이 부상하고 있다 Faizah, 2020; Robert et al., 2020; Yo and Purwaningsih, 2020. 본 글은 공연, 음악, 텍스타일, 시각예술, 공동체 예술 분야에서 활동하는 여성들의 비공식 연대 기구인 짜링안 세니 뻬렘뿌안Jaringan Seni Perempuan, 이하 JSP이 팬데믹에 대응하는 방식 그리고 조직을 재구성하기 위해 제약들을 극복하는 방식에 대해 검토하려고 한다. 연구자는 왓츠앱 WhatsApp에 개설된 관련 모임과 이들의 포럼에 참여하였으며, 전화 인터뷰를 진행하였다. 포럼의 내용은 동영상 플랫폼인 유튜브 YouTube에서 진행된 팬데믹 관련 8개의 포럼 자료들에 대한 분석을 통해 이루어졌다.[1]

이 연구는 팬데믹 상황이 주류 사회는 물론 예술계 내에서 여성 예술 노동자들이 '비상시국'에 대한 인식을 환기시키는 방식을 검토할 것이다. 이러한 인식이 어떻게 현실 참여로 이어지는지도 보게 될 것이다. 우선 JSP의 설립, 연대 방식, 연대 활동의 초기 활동가들과 그 연대 형태에 대해 소개할 것이다. 이어지는 본문에서는 네 명의 주요 활동가들의 개인사와 예술가로서의 작업들을 소개하며 주류 예술계의 문제점과 이들이 보여준 차이를 드러냄으로써 팬데믹이 이들의 활동에 미친 영향에 대해 논의할 것이다. 칠십 명의 포럼 참여자 중 네 명은 2020년 12월 16일에 연구자 본

---

1   본 연구와 유사하게 Faizah(2020)도 어떻게 이슬람의 여성 종교 지도자들의 연대인 울레마(Ulema)가 집으로 보내진 이슬람 기숙 학교 학생들이 겪은 어려움, 농촌 지역에서의 경제적 어려움, 가정 폭력에 노출된 여성들에 대처했는지 연구하였다. 이 연대의 여러 계획들은 만연한 문제들에 대해 대화할 수 있는 온라인 메신저인 왓츠앱(Whatsapp)에 토론 그룹을 개설하는 것, 허브 약재나 코코넛 오일 등을 이용하여 공동 창업을 돕는 것 등을 포함하고 있다.

인이 참여했던 8번 포럼에 참여했던 이들이다.[2] 이 네 명에 주목한 것은 이들이 함께 참여한 포럼이 2020년 전반에 대한 비판적 성찰을 하기 위해 기획되었고, 각 참여자들이 전체 구성원들의 다양한 예술 분야에 대한 대표성을 지니고 있기 때문이다.

JSP - 연대와 포용성

JSP는 공연 예술부터 공예에 이르기까지 다양한 예술에 종사하는 여성들을 연결하는 비공식 네트워크이다. 초기에는 외곽 섬들에서 소외된 예술가들에게 도움을 주기 위해 시작되었다. 2010년대에 자카르타에 기반했던 네 명의 설립자들에 의해 시작되었다. 2019년 워킹 그룹이 구성되었고 2021년 2월까지 공식 출범할 예정이다. 여성주의 다큐멘터리의 영화 제작자, 작가, 그리고 문화 운동가인 올린 몬테이로Olin Monteiro, 예술과 문화 공동체인 빠세반 Paseban의 설립자인 이라와티Irawati, 오랜 기간 정치운동을 하며 조각으로 수상까지 했던 돌로로사 시나가Dolorosa Sinaga, 그리고 인권 운동가로서 유일한 남성인 아퀴노 하윤따Aquino Hayunta가 그들이다.

---

2   해당 유튜브 영상은 다음의 링크를 통해 볼 수 있다. Jaringan Seni Perempuan : Refleksi Akhir Tahun BAKU KUMPUL Perempuan. https://www.youtube.com/watch?v=Hps343BrFps&t=1073s

이들 모두 각자의 분야에서 뛰어난 성과를 이뤘고, 인도네시아의 21개 지역에서 모인 260여 명의 회원을 가진 2010년 설립된 예술 노동자들의 조직인 코알리씨 쎄니Koalisi Seni의 구성원이다. 코알리씨 쎄니는 예술 생태계에 대한 건설적 지원을 위한 공보 활동 관련 로비에 집중해 왔다. 이는 정부 예산에서 예술 관련 재정을 확보하고 예술가들에 대한 인도주의적 지원금의 세제 혜택을 보장하는 법률 제안 등을 포함한다. JSP의 네 설립자들은 이러한 활동에도 불구하고 여성 예술가들, 특히 인도네시아에서 동쪽 지역과 외곽 섬들에 위치한 여성 예술가들에 대한 지원을 위해서는 더 많은 노력이 필요함을 깨닫게 되었다. 이는 네 명의 설립자들 모두가 활발한 이동성과 지역 및 국제 협력 프로젝트에 대한 다양한 참여를 하면서 깨닫게 된 것이다. 이들은 발리Bali, 남쪽 티모르섬의 쿠팡Kupang, 중부 셀레베스섬의 숨바Sumba, 술라웨시섬의 플로레스와 마카사르Flores and Makassar와 같은 다양한 섬들에서 활동하는 예술가들과 연계하고 있다. 이렇게 각각의 주요 설립자들이 다양한 예술 운동의 회로와 접속하고 있어, 높은 자원 동원 능력을 보여주고 있다.

JSP 설립과 관련한 올린 몬테이로와의 인터뷰2021.1.20에서는 긴급히 필요한 몇 가지 사안이 제시되었다. 첫 번째는 자바 중심, 남성 지배적, 그리고 가부장적인 예술계에 대항해야 하고 지역에 기반한 여성 예술 활동가들의 주변화에 적극 개입해야 한다는 점이다. 두 번째는 수공예 등의 '소예술'과 '모던'하지 않은 전통 예술을 포함한 다양한 예술 활동에 참여하는 여성들 간의 협력을 위한 대안 공간이 필요하다는 점이다. 세 번째는 국가나 시민 사회가 보여주는 배제의 정치학이나 예술계와 교육 전반에서 강화되는 신자유주의적 경향에 대해 비판적 목소리를 낼 수 있는 변화의 주체로서 여성들의 능력을 강화시키고 정치적 의식을 고양시키는 것이다. 마지막으로 일상과 직업 세계에서 종속적 지위와 폭력을 마주하고 있는 여성들을 위한 지원 시스템을 제공해야 한다는 점이다.

이러한 과제들의 중요성에 대한 인식은 그동안 꾸준히 성장해 왔으나 큰 진전이 없었다. 오히려 2019년 팬데믹의 발생은 JSP의 이름 아래 왓츠앱WhatsApp을 통해 각 설립자들이 서로의 개인적인 연결망을 상호 연결하게 하는 계기를 마련했다. 이렇게 생성된 디지털 공간은 큰 호응을 받아, 2019년 5월부터 12월 사이, 토론을 위한 8개의 포럼을 운영하게 되었고 각 포럼은 3~4명의 구성원이 참여하고 있었다. 여성 예술가들에게 미친 팬데믹의 영향과 각자가 마주한 문제를 어떻게 해결하고 있는지에 대한 논의가 활발히 이루어졌다. 바로 이어지는 단락에서는 앞서 언급한 12월 말에 가졌던 포럼의 논의 내용에 대해 자세히 다룰 것이다. 네 명의 참여자들의 배경과 개인적인 여정 그리고 팬데믹 상황에서 마주한 열악한 조건들에 대한 각자의 의미화 과정들에 대해 논의할 것이다.

팬데믹과 극단 - 기술과 전략

신타 페브리아니Shinta Febriani는 남술라웨시 마카사르Makassar에 있는 칼라 극단Kala Theater의 설립자이며 극작가와 예술 감독으로도 활동하고 있다. 2006년 설립된 이 극단은 공동체 참여로 잘 알려져 있다. 잘 알려진 작품 중 하나인 〈연극 속의 도시City in Theater〉2017는 마카사르의 도회적 삶에 대한 것이다. 200여 명의 지역 주민들에 대한 설문 조사에 기반해 만들어졌고, 주민들이 자신의 삶과 도시 자체에 대해 보고 느낀 바에 대해 담고 있다.

모든 공연 계약을 무산시킨 팬데믹은 신타와 극단의 예술노동자들에게 매우 충격적인 사건이었다. 이동 제한이 지속되면서 신타와 동료들은 온라인 공연의 가능성에 대해 논의하기 시작했다. 현실에서 가상 공간으로의 이동은 초기에 공연자들을 위축시킬 수 밖에 없었다. 실제 공연 무대와 달리 오로지 카메라라는 하나의 관객을 둔 채 직접적인 관객의 반응을 접할 수 없었기 때문이다. 공연 스탭들은 새로운 공연 방식에 적응해야 했고 디지털 공연과 홍보를 위한 새로운 기술을 배워야 했다. 신타는 디지털 공연이 일시적일지 아니면 지속적일지, 디지털 장르를 새로운 장르로 여겨야 할지, 새로운 기술이 예술의 창작 자체에 어떤 영향을 줄 것인지 등 다양한 질문에 대해 성찰하게 되었다.

팬데믹은 극복해야 할 문제로서 먼저 등장했으나 신타는 동시에 나름의 긍정적 측면을 발견했다. 극장 노동자들의 온라인 네트워킹이 하나의 조직으로 성장하여 인도네시아 국립극장협회Penastri로 발전했고 신타가 회장으로 선출되었다. 인도네시아의 극단 세계가 남성 중심적이었던 점을 고려하면, 조역과 같은 부수적 역할 외에는 여성의 참여가 부재했던 가운데 신타의 역할은 놀라운 것이다. 쿠팡에서는 또 다른 여성 감독이 부회계 담당자로 임명되는 등 공연 단체의 설립과 운영에서 여성의 참여가 점점 중요해지고 있다. 신타에 의하면 이는 인도네시아 공연계의 탈중심화를 위한 큰 분기점으로 평가된다. "우리는 자바와 자카르타 중심의 신화를 깨뜨렸다. (…중략…) 파당에 있는 부회장, 아체의 회계 담당, 자카르타의 총서기. 우리는 새로운 조직화와 네트워킹의 기회를 온라인을 통해 잡을 수 있었다."

여성 문화유산의 재발견

포럼의 또 다른 참석자인 노비에타 투리스타Novieta Tourista는 포럼에서 과거 관광업을 운영하다가 텍스타일과 나무껍질로 만든 섬유인 바크의 장인이 되고 2015년 신타부미아르티장Cinta Bumi Artisan을 설립하기까지의 개인적인 여정을 공유했다. 자카르타에서 태어난 노비에타는 관광 산업의 천국인 발리에 정착하면서 십여 년 동안 관광업계에서 일했다. 2013년 그녀의 삶에 변환점이 생긴 것은 술라웨시 중부의 포소Poso에서 활동하던 문화운동가인 리안 고갈리Lian Gogali가 종교 분쟁으로 분열되어 있던 지역을 생태 관광에 기반한 공동체로 만들고자 노비에타를 초청하면서이다. 그녀가 바다Bada계곡을 방문했을 때 현지에서 텍스타일과 바크 장인으로 알려진 마마 리Mama Ri를 만났고 이 장인이 노비에타의 관점을 완전히 바꿔 놓았다.

그녀는 관광 산업이 지역 공동체 및 수공예품의 생산 구조에서 여성 장인들의 주변부화에 미치는 영향을 실감하기 시작했다. 지역 공동체에서 바크 섬유로 된 옷은 주로 의례와 전통적인 회합에서 쓰이며 장인들은 공동체내에서 존경받는 존재이다. 그러나 관광 산업을 둘러싼 신자유주의 체제에서 바크로 만든 의상은 기념품이나 시각적 소비재로서의 수공예품일 뿐이다. 바크 섬유로 작업하는 장인도 관광 산업에서는 열등한 수공예기술자로서 중간상인에게 착취당하는 열악한 위치에 있다. 노비에타가 특히 주목한 점은 바크 장인들 사이의 세대 간 지식 전수의 쇠락이었다.

포소에서 돌아온 노비에타는 수마트라에 살고 있는 어머니의 가족들이 대대로 말레이 지역에서 실크와 면으로 직조되는 고급 직물인 송켓songket을 만들어 오던 장인이고, 아버지의 가족들은 바틱 장인이었던 것을 떠올렸다. 이런 가족의 역사는 두 세대 동안 끊어져 있었는데 이를 되살리기로 하였다. 전통적인 바크 섬유로 현대적 형태의 상품들인 가방과 스카프 등을 만들기 위해 바다 계곡의 장인들과 협업하는 프로젝트를 시작했다. 자신도 바크 섬유 공예 기술을 여성 장인들에게 배우고, 동시에 장인들에게는 기존의 수공예품을 넘어 고급 예술 작품을 만들 수 있는 교육 기회를 제공했다. 장인들은 노비에타와 독점적으로 계약할 의무 없이 스스로 다양한 외부 주문도 받을 수 있는 재량권도 가지게 되었다.

팬데믹이 인도네시아를 강타했을 때, 이러한 협업은 바다 계곡의 범람 피해로 잠시 중단되었고 많은 직조 기계들이 손실되었다. 발리에 있던 노비에타는 관광업에 크게 의존해왔던 발리가 팬데믹으로 인해 크게 고통받는 것을 보고 발리가 얼마나 외부 영향에 취약한지 몸소 체험했다. 그녀는 자신의 집 주변에서도 흔히 볼 수 있었던 발리의 지역 장인들을 그 동안 간과해 왔다는 것을 깨닫고는 별도의 작업장 없이 각자의 집에서 일하던 재단사들을 조직하여 발리의 송켓을 활용한 가면을 만들기로 한다. 팬데믹으로 인한 위기는 노비에타가 텍스타일 장인인 여성들의 작업에 대해 성찰할 수 있는 시간을 주었다. "옷은 우리가 처음 태어나고 마지막으로 죽을 때 우리를 가장 먼저 감싸주는 첫 사물이라는 점에서 신성하다." 바다 계곡에서 그녀는 여성과 남성이 각각 '초월적인' 세로줄의 역할과 '사회적인' 수평줄의 역할을 하는 것을 배웠다. 특히 옷과 직물은 환경 그리고 신성함과 연결된다는 것도 배웠다. 팬데믹 상황이 끝나 곧 포소로 돌아가 자신이 시작했던 일을 다시 이어갈 수 있기를 희망하고 있다.

팬데믹과 음악을 통한 정치적 운동

팬데믹 상황이 진전되기 5개월 전에 욕야카르타에서 자카르타으로 이주했던 구스티 아리랑GustiArirang은 따슈라Tashoora라는 밴드의 보컬리스트이다. 모든 공연이 취소되면서 밴드의 다른 세 멤버들과 함께 생계 유지를 위해 고전 중이다. 깜풍이라고 하는 도시의 저개발된 집단촌에 위치한 저렴한 임대 숙소에서 네 명의 밴드 멤버들이 함께 지내고 있다. 생계를 위해 자카르타 정부에서 수집하는 코로나-19 관련 데이터 입력 작업을 하고 있다. 원래 계획은 성범죄가 만연한 것으로 알려진 자카르타의 대학들에서 성범죄 반대 콘서트를 열 계획이었으나 팬데믹으로 무산되었다. 오히려 2020년 자카르타에 머물면서 새로운 노래를 만들게 되었다. 정부가 기업들의 투자 여건 향상을 위해 여러 개의 관련 법률 조항을 묶어 한 번에 개정할 수 있도록하는 옴니버스 법the Omnibus Law 제정을 추진하고 있었다. 이를 둘러싼 반대시위에서 국가와 경찰의 폭력을 목도한 후 경찰의 공권력 남용에 대한 노래를 만들게 된 것이다. 인도네시아 법률구조 단체와 협업하며 노래를 발표하였는데 이를 통해 경찰의 폭력에 대해 사회에 알릴 수 있었다: "우리

노래를 통해 그걸 날려 버렸다"라며 자신들의 음악을 통한 정치적 운동에 대해 평가했다.

불가능에서 가능으로

포럼의 가장 젊은 참석자인 하나 매드니스Hana Madness는 양극성 증후군을 가진 청소년으로서 포럼에서 가족에 의한 거절, 가출, 성적 학대 등 자신의 경험에 대해 공유했다. 치료를 위해 여러 방안을 시도하던 중 자신에게 맞는 활동을 발견했는데 마치 낙서 같은 그림을 그리는 두들 아트doodle art였다. 거리 예술 공동체의 숙련된 예술가로부터 그림을 배우고 자신의 장애에 대해 전문가와 상담하면서 두들 아트의 길로 들어서게 되었다. 이를 통해 2016년 런던에서 열린 언리미티드 축제Unlimited Festival에 참여하게 되었다. 영국 정부가 정신 건강에 대한 의식을 변화시키기 위해 지원한 행사였는데, 2019년에는 하나가 주축이 되어 유사한 축제를 자카르타에서 개최했다. 장애 예술 운동을 시작하며 장애가 있는 이들을 좀 더 포용할 수 있는 정책과 장애인에 대한 차별 금지법 등을 위한 로비운동을 펼쳤다. 팬데믹 이전에, 영국 예술가들과의 협업으로 정신 장애가 있는 이들에 대한 족쇄 사용의 역사에 대해 다루는 영화 〈In Change〉를 만들기 위한 기금도 마련했다. 현재는 장애에 대해 다루는 축제와 정신과 병동에서의 워크샵 등을 준비하고 있다.

하나에게 팬데믹은 큰 위기이자 동시에 기회였다. 주변에서 접하게 되는 관련 사망자들, 사회적 규제, 이동 제한 등은 우울증을 발생시키고 심지어 자살에 대한 생각을 부추겼다. 정신적 문제를 안고 있지만 바이러스 감염 위험 때문에 치료와 상담을 위해 병원에 가는 것을 두려워하게 되는 상황은 치료를 지연시키고 그로 인한 문제는 심각할 수 있다. 그러나 의외로 팬데믹으로 인해 사회 전반에서 다수가 어떤 방식으로든 스트레스와 우울증을 겪게 되자, 이를 계기로 일반 대중이 정신 건강에 대해 공개적으로 생각해 볼 수 있는 계기가 되었다. 하나도 이를 통해 새로운 협력의 방안을 발견하게 되었다고 말한다. "팬데믹 초기에 정신적으로 그리고 경제적으로 생존하기 위해 노력했다. 정신적 문제를 안고 예술가로서 살아간다는 것이 두려웠고 모든 기회가 닫혀 버린 것 같았다. 그럼에도 불구하고 나의 문제를 숨기지 않고 여러 기업들의 캠페인에 참여하여 협력할 수 있는 가능성을 발견했다. 장애인 예술 운동을 진행하면서 많은 이들의 지지도 얻을 수 있었다."

비상시국 – 젠더와 국가폭력

포럼에 참여했던 네 명의 여성은 팬데믹 시기에 증가하고 있는 여성에 대한 폭력에 우려를 나타냈다. 각자 일터나 대중교통 그리고 거리 등 공공 장소에서 성폭력을 경험한 바 있다. 집이라는 사적 공간에서도 가족이나 친인척에 의해, 그리고 자신의 예술 공동체 내부에서도 이러한 성폭력은 발생했다. 이럴 때 피해자인 여성들은 오히려 가족이나 사회로부터 "예술은 여성의 영역이 아니다. 극단은 여성에게 맞지 않는다"라는 말을 들었다.

예술계에서 여성들은 전시 작가를 선정하는 큐레이팅 과정과 작품의 가치를 인정받는 방식에서도 차별을 경험한다. 수공예품과 텍스타일 등 주로 여성 작가들에 의한 작품들은 단순한 상품으로 취급되거나 저평가되고 결과적으로 훨씬 저평가된 금전적 보수를 받게 된다. 하나가 시작한 두들 아트 역시 '단순하고 특별할 게 없는' 것으로 취급 당하곤 했다.

여성 예술가들은 자신들만의 방식으로 이러한 편견에 맞서 싸우고 스스로 어려움을 극복하려 한다. 그 자신이 대학 내에서 성폭력의 피해자였고 거리에서는 국가의 폭력을 지켜본 이로서 구스티 아리랑은 자신의 에너지를 정치적 저항을 위한 노래를 만드는데 집중했다. 신타는 "남성성이 인도네시아 공연계는 물론 지역 문화를 관통하고 있지만 극단에서 일하는 여성들이 이러한 권력

관계를 변화시킬 수 있다고 본다. 이전에는 공연에서 여성의 신체에 대한 거부감이 분명 있었지만 이제는 여성이 자신의 신체에 대해 발언할 수 있다"고 강조했다. 노비에타는 어린 시절 성폭력을 당했는데, 손과 가위 그리고 촉감을 통해 무언가를 만들어내는 공예가 일종의 치료 요법이 되었다. 이후 농촌 지역의 여성 장인들과의 협업에서는 쇠락해 가던 전통 예술을 현대 예술작품으로 변화시키는 데 기여했다. 하나는 '매드니스(광기)'라는 단어를 자신의 이름에 포함시켜 당당하게 자신이 갖고 있는 정신적 문제를 정체성의 일부로 받아들였고, 기존의 예술계에서 경멸하던 두들 아트를 자신을 소개하는 일종의 브랜드처럼 소개하고 있다.

결론 - 비상시국, 정치적 관점

팬데믹이 불러온 다양한 층위의 위기는 공적 영역이 중립적이지도 평등하지도 않음을 명백히 보여주었다. 인도네시아의 공적 영역에서 국가와 경찰의 폭력은 강화되고, 종교적 보수주의가 부상하고 있으며, 가정과 일터에서의 가부장적인 특성이 강화되고 있다. 전반적으로 상황은 악화되고 민주주의는 '엉망인messy' 상황이라 할 수 있다. 이러한 상황에서 여성들은 스스로를 일으켜 세울 수 있는 기회와 영역을 확보해야 한다. 팬데믹 상황은 여성 예술가들에게 위기와 도전이 되었지만, 동시에 비판적 성찰과 공적 영역에 개입하기 위한 네트워킹과 조직화를 위한 기회가 되기도 했다.

'비상시국'이라는 용어가 포럼에서 반복적으로 사용되었다. 팬데믹이 예술계에서 일하고 있는 여성들을 위험하고 위협적인 상황으로 내몰았다. 그러나 팬데믹의 시공간은 또한 이들에게 변화가 필요함을 실감하게 했다. 이들은 국가-시민사회 협력의 위기, 특성 그룹을 향한 주변부화, 배제의 정치, 성폭력 등의 위기 등으로 대표되는 인간 관계에서의 위기, 그리고 인간과 자연과의 관계에서 오는 위기 등에 적절히 대응해야 할 필요성을 실감하고 있다. 포럼을 마치며 여성들은 이 비상시국이 끝나고 '비정상성'에서 '정상성'으로 되돌아가거나 애초에 지금의 위기를 초래한 누군가의 '안전지대'로 아무 일 없이 돌아가서는 안 된다는 것에 의견이 일치했다. 이 비상시국은 정치적 참여를 위한 비판적 의식으로 이어져야 한다. 좀 더 나은정치적 상황에 대한 새로운 상상에서, 니아스 섬의 그 어머니 여성은 비루한 서발턴 주체가 아니라 자신과 자녀들의 괜찮은 삶과 미래를 위해 정치적 목소리를 낼 수 있는 존재가 될 수 있기를 상상해 본다.

참고문헌

Chatterjee, Partha, *The Politics of the Governed*, ColumbiaUniversity Press, 2004.

Dirgantoro, Wulan, *Feminisms and Contemporary Art in Indonesia : Defining Expressions*, Amsterdam University Press, 2014.

Faizah, AndiNur, "Female Ulema's Action Respondint to Covid-19 Pandemic in theirCommunities : The Experience of Simpul Rahima", *Jurnal Perempuan*, vol.25 no.4, 2020, pp.121~144.

Moghadam, Valentine M. and Sadiqi, Fatima, " Women's Activism and the PublicSphere : An Introduction and Overview", *Journal of Middle East Women's Studies*, Vol.2 No.2, 2006, pp.1~7.

"North Sumatra mother allegedly kills her three toddlersbecause of economic pressures", *The Jakarta Post*, 12 December, 2020. https://www.thejakartapost.com/news/2020/12/11/north-sumatra-mother-allegedly-kills-her-three-toddlers-because-of-economic-pressures.html

"Polisi : Ibu yang Bunuh 3 Anaknya Meninggal Dunia"(Police: Mother who killed her 3 toddlersdied), *Republika*, 13 December, 2020. https://republika.co.id/berita/daerah/sumatra/ql9xt4428/polisi-ibu-yang-bunuh-tiga-anaknya-meninggal-dunia

Robet, Robertus, Retno Hanani & Charine, "Mantaining Civic Space : WomenActivists and Spatial Politics during the Pandemic", *Jurnal Perempuan*, vol.25 no.4, 2020, pp.78~96.

Skalli, Loubna H., "Communicating Gender in the Public Sphere : Women and Information Technologiesin the MENA Region", *Journal of Middle East Women's Studies* Vol.2 No.2, 2006, pp.35~59.

VOA(23/7/2020), "Kekerasan di dalamRumah Tangga Meningkat Selama Pandemi".

https://www.voaindonesia.com/a/kekerasan-di-dalam-rumah-tangga-(kdrt)-meningkat-selama-pandemi/5513427.html

Yo, Meylaniand Purwaningsih, Pupu, "From Loss to Survival : A Study on the SumbaneseWomen's Experience during Covid-19 Mitigation", *Jurnal Perempuan* vol.25 no.4, 2020, pp.26~53.

6

공정성 담론과
지구적 공거^{共居}의 윤리*

백원담

1.

다시 겨울이다. 지난 겨울의 끝자락에서 시작한 코로나 역병은
오는 겨울 더욱 기승이다. 9월 말엽 3천여만 명이더니[1] 두 달도 안
지나 지금 5천만을 넘어서고 있는 것이다. 특히 선진국이라는 구
미유럽은 1차 봉쇄 이후 좀 나아지는가 싶더니 다시 더 깊은 수렁
으로 빠져들고 있는 형국이다. 미국은 최근 6일간 확진자가 100

---

* 이 글은 계간 『황해문화(*Hwanghae Riview*)』 2020년 겨울호(통권 109호)에
권두언으로 게재되었던 글 중 일부입니다.
1 WHO에 보고된 전 세계 코로나19 누적 확진자는 2020년 9월20일 당시
30,675,675명, 누적 사망자는 954,417명으로 집계됐다. 그러나 6개월이 지난
2021년 3월 28일 현재 확진자수는 126,134,729명으로 4배가 증가했으며 누
적 사망자수는 2,767,545명이다.

만 명을 넘어섰지만 어지러운 선거 정국 속에서 트럼프 정부는 방역에 속수무책이다. 유럽에서 가장 안정적으로 코로나에 대처했던 독일조차 하루에 2만 명 안팎으로 환자가 발생하면서 2차 파동을 감당하기 어려워지자 11월 들어 부분 폐쇄령을 단행했고, 잘 준비된 공공의료시설도 감당하기 어려운 지경에 있다. 미국에서 백신 소식이 들려오니 그나마 다행이다 싶지만 그 백신회사의 최고경영자는 자사 백신의 효과가 발표된 그날 대거 주식을 내다 팔았다. 백신과 주식은 동전의 양면과도 같이 금융화 기법으로 팬데믹의 위기를 기회로 만드는 재난자본주의의 적나라한 민낯을 여지없이 드러내고 있는 것이다.

이번 역병의 세계화는 신자유주의적 자본축적체제와 그 통치성의 문제를 그대로 노정했다. 신자유주의는 자본의 광역한 이동과 국제적 분업체계, 노동의 유연화를 특징으로 한다. 그 신자유주의의 세계화로 자본은 전지구적 지역화 추세 속에 위계적으로 편제되었고 국가들과 국가 간 체제들은 복합적 상호의존구조 속에 있다. 선진국의 전통적인 제조업 공장들은 중국과 제3세계로 옮겨갔고, 그 결과 구미유럽의 선진국들은 마스크와 최소한의 의료장비들조차 자체 생산할 수 없는 조건에 놓였다. 그리고 민영화의 추세로 공공의료체계가 와해됨으로써 코비드 바이러스는 폭발적으로 확산되기에 이른 것이다.

그러나 더욱 큰 문제는 여전히 신자유주의의 축적체계를 가동하고 있는 자본과 국가들이 자본주의적 근대에 대한 발본적 성찰이나 탈성장의 전환고리를 만드는 대안 모색에 나서지 않고 있다는 데 있다. 오히려 현상유지의 수준에서 비전통적 재정정책인 양적 완화나 금융화 기법으로 코로나 국면에 대응하고 있는 것이다. 팬데믹의 위기를 오히려 기회로 만들어 곤경을 돌파하는 재난자본주의를 기민하게 가동하고 있다는 점이 더욱 문제적이다. 이른바 그린 뉴딜, 비대면(언택트)경제와 같은 산업으로 구조조정을 통해 여전히 자본의 이해관계에 따른 돌파구를 마련하고자 하는 것이다.

이런 세계적인 위기국면에서 가장 안타까운 것은 갈수록 극단화로 치닫는 노동의 유연화 속에서 더욱 벼랑 끝에 몰려있는 비정규직 노동자, 여성노동자, 이주노동자, 난민 등 사회적 약자들의 생존위기이다. 불평등의 위계화가 가속화되어온 가운데 사회적 거리두기와 같은 봉쇄정책으로 일용직 노동자들은 생명관리정치의 궤도에서도 밀려나 있다. 비대면경제가 활성화될수록 물류업체 노동자 등은 가공할 노동시간과 노동강도로 죽음으로 내몰리고 있지만 마스크나 방호일복 등 최소한의 보호장치 조차 지급되지 못하는 열악한 노동조건에서 이들의 생명을 보호할 법적·제도적 장치는 미흡하기 짝이 없다.

그러나 코로나 팬데믹은 다른 한편 "소위 탈노동 시대에도 인공지능이 대체할 수 없는 노동자의 존재", 산업자본주의 시대의 전

통적인 임노동자와 일치하지 않는 '노동 외부의 노동자'를 노동의
중심으로 불러들였다. 신자유주의적 자본축적체제가 낙오와 배제
의 통치로 양산한 대상화되고 주변화된 하층 노동을 필수노동의
개념으로 재규정할 수 있도록 해준 것이다 채효정, 2020. 그 필수노동
자들은[2] 코로나와 같은 역병의 세계적인 대유행 상황에서 인류의
존립을 위한 노동의 가치가 새롭게 의미화되고 노동자의 새로운
존재양식이 사회적으로 구성되는 과정을 전현하고 있다고 하겠
다. 더욱이 '자본이 발명한' 이들 필수노동자들의 세계적인 등장
은 지역과 지구적 범위에서 계급연대의 가능성을 목도하게 한다.
예컨대 한국의 쿠팡 물류노동자들은 세계적으로 퍼져있는 아마존
물류노동자들과 생존연대를 감행했다. 이는 오큐파이운동과는 또
다른 양상으로 신자유주의가 양산한 비정규직 노동자의 위태로운
생존상태를 적시하고 세계 도처에서 극한노동의 위기를 돌파하고
자 하는 움직임들을 과국적跨國的 trans national 연대로 이어내고 있다.
국제운수노련이 전 세계의 창고 및 물류 조합에 편지를 보내 한국

---

2   채효정(2020)은 필수노동자는 코로나 시대가 찾아낸 사람들로 "그림자 노동,
    밑바닥 노동, 하청·특고·불안정·비정규직 등으로 불리던 노동자들은 '필수
    노동자'라는 새로운 이름을 얻었다"고 한다. '필수노동자(essential work-
    ers)'는 미국 주정부들이 보건의료·식료품·공공운수 등 코로나19 상황에서
    도 필수적으로 수행해야 하는 산업의 노동자에게 계속 업무를 수행토록 하는
    행정명령에서 나온 말이다. 영국에서는 '핵심 노동자(key worker)', 한국에
    서 공식화된 정의는 '국민의 생명·안전과 사회기능 유지를 위해 핵심적인 서
    비스를 제공하는 대면노동자'다.

의 쿠팡 노동자들에 대한 지원 메시지를 요청하는 등 아래로부터 반세계화와 공존의 운동이 세계적인 규모로 활성화되고 있는 것이다.

오늘의 팬데믹은 무차별적 성장모드로 생태계를 파괴하고 공장화된 농축산업, 동식물의 획일화된 품종개량 등 바이러스 발생의 병인들을 배태해온 자본주의 체제의 '실재'에 기인한다. 그런 점에서 팬데믹의 파란 이전부터 다양한 위기담론들은 자본주의적 근대모순이 야기한 지구적 재앙에 대해 인류세Anthropocene/자본세 Capitalocene 등 개념으로 성찰하고, 인류가 역사적으로 자연을 환경화하면서 야기한 도저한 파괴의 역사를 성찰하며 탈성장의 윤리경제를 제한하는 그야말로 지구의 시간을 모색해왔다. 가장 인상적인 담론으로는 서구의 한 소셜리스트 페미니스트가 자본세에 진저리치며 계급, 인종, 성별을 막론하고 '친족을 만들라'고 역설한 툴루세의 외침을 들 수 있다도나 해러웨이, 2019.³

최근 코로나 국면에서도 많은 대안담론들이 쏟아져 나오고 있다. 바로우드Ramzy Baroud 등 이슬람 지식계에서는 코로나 바이러스가 노정한 신자유주의적 통치성이 흔들리는 궐위의 시대에 바이

---

3 툴루세의 툴루(chthulu)는 인간이 눈에 보이지 않는 지하적 힘을 가진 땅(지구 및 자연)과 함께 세계를 구성한다는 점을 강조하기 위해 도나 해러웨이 (Donna Haraway)가 창신한 개념으로 보인다. 해러웨이는 '우리가 누구이며 무엇이든, 우리는 지구에-묶인 자들과 함께 만들—함께 될, 함께 구성할—필요가 있다'고 역설하며 '그러니, 친족을 만들라, 아기가 아니라! 친족이 어떻게 친족을 만들어내는지가 문제'(도나 해러웨이, 2019 : 169)라고 주장했다.

러스에 대한 대응의 주도권을 여전히 국가와 자본이 전취하는 것, 그리하여 지구화의 현상유지를 도모하고, 그 지배력과 문화적 헤게모니 권력에 대한 비민주적 주장을 복원하는 세계지배질서의 가공할 복원력에 대응하여 진정한 민주주의에 대한 회복, 인종 중심이 아닌 글로벌에 대한 새로운 담론을 재정의할 권리와 도덕적 정당성, 정의의 진정한 형식을 찾는 것이 필요하다고 역설했다Baroud and Rubeo, 2020.[4]

주디스 버틀러Judith Butler는 트럼프정부의 코로나 대응에서 드러난 자국중심주의와 인종주의의 폭거에 절규한다. 트럼프는 백신에 대한 독점계약을 체결하고 '국가의 재정 건전성이 진정한 건강이며 유일한 관련 조치는 월스트리트임을 분명히 한 가운데 바이러스로 인한 사망률이 증가할 위험이 있더라도 "평상시대로 사업"으로 복귀하는 것'을 정당화하였다. 그리고 경제가 회복될 수 있는 한 가장 취약한 사람들(노인, 노숙자, 기존 조건을 가진 사람들)이 죽어도 괜찮다고 함으로써 국가는 국민이 아니라 시장일 뿐임을 확인하게 한다고 한 것이다Butler, 2020. 따라서 버틀러는 이 전염병을

---

4 람지 바로우드와 로마나 루베오(Romana Rubeo)는 안토니오 그람시(A. Gramsci)의 인터레그넘(Interregnum 궐위(闕位) 혹은 공위(空位))개념과 지젝(S. Žižek)의 자민족중심 철학(Ethnocentric Philosophy)을 대비하고, 난민에 대한 인종주의적 선긋기의 시각을 제기한 바 있는 지젝이 새로운 국제연대와 사회주의를 주창하는 역설의 허구성을 비판하며 코로나사태 속에 드러난 변화의 지표들에 감개무량하여 흥분하기보다 세계지배질서의 가공할 복원력에 대응할 것을 촉구했다.

계기로 평등, 세계적 상호의존성 및 서로에 대한 의무에 대해 상기할 것을 촉구했다. 바이러스는 차별하지 않는다는 것, 바이러스는 글로벌 프레임 워크 내에서 작동하면서 전 세계 인류 공동체가 똑같이 불안정하다는 것을 보여주고 있다. 그러나 미국이나 유럽에서의 사전 방역준비 실패, 국가 정책 강화 및 국경 폐쇄, 그리고 글로벌 고통을 이용하고자하는 기업가들의 도래는 모두 급진적 불평등, 민족주의, 자본주의 착취가 전염병 지역 내에서 스스로를 재생산하고 강화하는 방법을 찾는 속도를 입증하고 있다고 비판하는 것이다. 따라서 버틀러는 보편적인 건강관리에 대한 사회적 비전을 가진 사람들이 서로 치명적으로 작용하는 도덕적 및 바이러스성 질병에 맞서 연대투쟁해 나가며 공거共居 cohabitation 윤리를 지구적으로 세워나갈 것을 촉구했다.

그렇다면 우리 사회는 코로나 팬데믹의 시간 속을 어떻게 정주하고 있는 것일까. 최근 확진자가 급증하는 가운데 비대면, 관계가 이루어지지 않는 격절의 국면에서 우리는 국가와 사회가 모두 상황주의에 내몰린 그간의 역정, 각자도생으로는 벗어날 수 없는 저 '유동적 공포liquid fears'를 정면으로 마주하되 짧은 찰나의 통각이 아니라 그 역사성을 소환함으로써 가능한 성찰의 시간에 들어섰다고 할 수 있다. 그 성찰은 바이러스는 차별하지 않는다는 점에서 전 세계 인류 공동체가 똑같이 불안정한 상태에 있음을 직시하고 국가 단위 역병관리통제가 "민족주의와 인종주의, 외국인 혐오, 자본주의의 연동된 힘에 의해" 차별과 배제를 가동하는 문제에 대한 적극적 비판과 해결의 당사자로 각자가 나서는 정치적 사회적 실천의 이행까지 담보하는 것을 의미한다.

무엇보다 코로나 역병이 악화되었던 지난 여름 우리 사회가 첨예한 갈등으로 치달았던 경험의 한계치를 공유했다. 촛불 이후 청년층과 여성들은 사회적 경제적 박탈이 유도하는 가장 위태로운 상태에서 개인으로서 '우리의 불안정 상태만이 아니라 사회경제 기관 및 정치기관의 태만과 불공정함'을 목도했다. 그리하여 일할 권리의 박탈과 배제가 가속화되는 가운데 불안정성은 사회 전반에 팽배하지만 각 개인들은 대응에 취약할 수밖에 없다. 그러나 그 취약성vulnerability은 '나'에게만 해당되는 것이 아니라 사회적 성원 누구나 감지할 수 있다는 점에서 '불안감과 열패감의 사회적 성격'을 인지하게 된다. 그러나 고용불안정성과 사회적 노동의 형태변화에 따른 직무불안정성 등에 직면한 각각의 '나'들은 각기 속한 집단의 이해관계에 따라 이합집산되고, 그로서 어떤 공존 혹은 공거cohabitation를 위한 정치적 분출이 무위화될 우려에 처하기도 한다. 그리하여 때로는 경제적 이해관계가 두드러지면 그에 포섭되어 사회적 갈등을 촉발한다.

인천국제공항 보안요원 정규직 전환으로 인한 불만의 폭주와 공공의대 설립 문제로 강행된 의사파업이라는 초유의 사태가 그것이다. 단적으로 말해서 이 두 사태는 한국사회에 내재한 신자유주의적 통치성neo-liberal governmentality의 심각한 정도를 반증한다고 할 수 있다. 신자유주의는 자본의 자유로운 이동을 통한 광역화된 자본과 노동의 유연화를 통한 착취의 심화를 특징으로 한다. 그런데 그러한 경제적 축적체제의 재편은 경제영역은 물론 모든 경제 외적 영역, 곧 교육, 보건, 복지 등 사회적 삶의 영역까지 경제주의 원리를 관철하고 기업화enterprising한다는 데 문제의 심도가 있다. 신자유주의 축적체제 하에서 행위하고 살아가는 주체들을 '기업가entrepreneur 혹은 기업가적 정신entrepreneurial spirit에 따라 살아가는 개인, 집단, 조직, 사회체로 주체화하는' 것으로 체제를 작동해가고 있는 것이다. 푸코가 제기한 신자유주의적 통치성 개념은 주지하는 바와 같이 미국의 시카고 학파가 추구한 노동에 대한 경제적 분석의 소산으로 '인적 자본의 창신'을 핵심으로 한다. 호모 에코노미쿠스, 기업가 개인의 탄생이 그것이다미셸푸코, 2012: 313~330. 이것의 문제는 '개인이 호모 에코노미쿠스인 한에서, 그리고 오직 호모 에코노미쿠스인 한에서만 그 개인이 통치가능화되고, 그 개인에게 영향력이 행사될 수 있다는 것을 의미한다'미셸 푸코, 2012: 353.

바로 그 각자도생과 자기경영이라는 호모 에코노미쿠스의 개인 통치성이 신자유주의적 착취의 본질임은 말할 나위가 없다. 그런데 바이러스가 창궐한 상황에서 세계적으로 만연한 불안정성에 신자유주의적 신체가 작동하는 방식은 각기 이해의 극단적 합리화를 통해 다른 적대적 관계를 구성하고 타자에 대해 공격하는 양상을 표출하고 있다는 점에서 문제가 된다. 경제적 효율성을 공정성담론으로 포장하고 그것을 무기로 경제적 이해관계를 관철하는 방식인 것이다. 앞서 필수노동자의 대두와 그 위태로운 존재양식이 바로 신자유주의 축적체제가 만들어낸 새로운 계급화의 양상이라면 공정성담론으로 무장하고 자기이해관계에 따른 권리의 주장과 관철행위에 나선 수행주체들 또한 신자유주의로부터 태생된 호모 에코노미쿠스들의 전현체라고 할 수 있다. 이들은 경제영역이 아닌 기존의 사회영역에까지 경제원리를 적용하게 하고 '통치가능한-governable 혹은 지배할 수 있는 현실'을 경제주의적으로 구성하는 신자유주의적 통치성을 철저하게 체현하고 있다. 따라서 '그것과 관계 맺는 주체의 행위 조건 혹은 행위 방식을 유도하고 평가하며 보상하는 지식과 테크놀로지, 윤리의 복합적인 결합체라고 할 수 있다'서동진, 2009.

그런 점에서 각각의 호모 에코노미쿠스들은 인적 자본으로 훈육되는 과정에서 획득한 지식과 테크놀로지, 윤리를 공정성이라는 가치로 변환하고 그것을 지킨다는 명분으로 사회적, 공동체적 저항을 수행한다. 그러나 사실상 그들은 기업가적 윤리에 충실한 경제적 동물들로서 개별적 이해관계가 일치하기 때문에 집단행동을 감행하고 그 결과를 나누고자 할 따름이다. 코로나 국면에서 이런 현상이 두드러지는 것은 한국사회가 그만큼 신자유주의적 통치성이 관철되어 온 반증에 다름 아니다. 신자유주의시대에 돌입한 이후 한국 사회에는 각자도생과 자기영영의 개별주의가 만연했고 경제적 위기가 가중됨에 따라 각자도생의 수행주체들은 공공성 담론으로 치장하고 집단적 버전을 가동하고 있는 와중인 것이다. 신자유주의는 사람을 키우는 교육을 인적 자본을 형성하는 경제주의논리로 변질시켰다. 그 극대치를 창출했던 것이 능력주의모델로서 고용여건이 악화된 현실에서 오직 능력주의에 따라 고용불완정성을 조건을 가져가야 한다고 강변하는 문제는 신자유주의적 착취에 대응하는 사회적 공생의 정의, 진정한 분배의 정의 실현과는 거리가 멀다고 하겠다.

신영복 선생은 존재론에 기초한 서구사상이 폭력적 근대를 지탱해왔다는 점에서 동양사상, 특히 중국고전사상에 담지된 관계론을 정치경제학과 접목하여 독특한 화이부동和而不同의 관계론이라는 사상체계를 이루었다. 중국의 제자백가 사상과 시·서·역의 경서를 재해석하여 사상적 토대로 삼은 것은 물론 중국 시가들과 사상사의 주요맥락들이 현대에 소환되고 이데올로기적으로 작동하는 과정까지 통찰하면서 새로운 관계론적 인간학을 제출한 것이다. 선생은 줄곧 역사읽기의 어려움을 토로했는데 그것은 사상의 진보성과 민주성은 단순하지 않기 때문에 사상의 혼재와 충돌, 그속에서 어떤 것을 호출하고 어떤 독법으로 읽을 것인가를 늘 고심했던 것이다. 유가의 인간학과 노장의 무위자연의 사상을 절합

하여 관계론 사상을 건구하는 과정도 그러했지만 老子의 무위無爲
와 장자莊子의 탈정脫井에 대해 특유의 독법讀法으로 읽어낼 때도 역
사적 현실에 기초한 실천적 함의를 건져내기 위한 긴장의 끈을 놓
지 않았던 것이다. 그 결과, 코로나 역병의 창궐이라는 지구화의
파멸을 예견했을까. 노장老莊의 독법이 중요함을 역설한 가운데 선
생이 그로부터 가져온 무위無爲와 탈정脫井의 시좌는 지구의 자전自轉
의 시간이 필요함을 역설하는 인류세 / 지구세 담론의 원형과도
같이 오늘의 코로나 사태로 전현된 지구적 위기에 대한 명징한 분
석과 해결의 대안담론으로서 손색이 없다.

그만큼 노장의 독법이 중요합니다. 『노자』의 무위와 『장자』의 탈
정은 여러분이 두고두고 그 내용을 채워 가기 바랍니다. 아마 앞으로
우리나라뿐만 아니라 일본도 마찬가지고, 미국, EU도 지금까지의 성
장 패턴을 지속한다는 것은 불가능할 것입니다. 이미 반복되는 금융
위기와 끝이 없는 불황이 그것을 예시하고 있습니다. '과학의 발전과
욕망의 해방' 그리고 '대량생산과 대량소비'가 쌍끌이 해 온 자본주
의의 구조와 운동이 거듭해서 위기를 드러내고 있습니다. 피케티는
『21세기 자본』에서 20대 기업의 300년간의 세무 자료를 분석하여
자본이윤return to wealth이 소득growth rate을 초과해 왔음을 입증하고 양
극화에 경종을 울리고 있습니다. 우리가 피부로 느끼는 것은 국가 부
채, 가계 부채, 양극화, 실업, 경기 침체, 집값 하락의 문제에 불과하

지만 이것은 자본주의 체제 자체의 문제입니다. 앞으로 어떠한 국면을 경과할지 알 수 없지만 그것의 급격한 파탄을 저지하는 것이 당면의 과제입니다. 우리나라의 경우도 다르지 않습니다. 큰 기어에 물려 있는 기어를 기어 오프Gear-off하는 것입니다. 그러나 당장 기어를 오프할 수 있는 경제 구조가 못 됩니다. 적절한 중장기中長期 정책과 강약, 단속斷續의 온-오프가 필요합니다. 이것은 3Sslow down, small down, soft down의 연착륙 과정이며 과도한 대외 의존 경제 구조를 조정하는 것이기도 합니다. '기어 오프'와 '3S'가 노자의 귀虛라 할 수 있고, 지속 성장에 대한 환상을 청산하는 것이 장자의 탈정脫井이라 할 수 있을 것입니다(신영복, 2015 : 154).

신자유주의시대에 이르러 교육은 인적 자본을 만드는 경제행위가 되고 부모는 자식에게 인적자본을 전달하는 효율적 경제주체가 되는 경제적 합리화가 결혼이라는 현상과 결혼생활을 지배하는 원리가 되었다. 신자유주의적 축적체제 하에서는 경제행위는 호모 에코노미쿠스가 된 인간노동자가 노동을 자본화하여 스스로 기업가로서 경쟁하고 있는 목표들을 위해 부족한 자원들의 스스로 분배하고 투자해야 하는 '인간 행위의 전부'가 된다. 그런 점에서 공정성이란 경제적 합리성 혹은 효율성의 다른 이름이 아닐 수 없다. 그러한 공정성을 가치척도로 하여 자기이해만을 관철하는 능력주의가 발동할 때 노동의 불평등한 위계는 재생산되고 그로서 차별과 배제가 만연하고 사회는 끝없는 분열의 파국을 맞을 수밖에 없다.

이 코로나 팬데믹의 시간은 지구의 자연성이 강제한 성찰의 시간, 지구의 시간이 다시 흐르는 징후일 수 있다. 따라서 세계적인 역병과 기후변화의 공포, 장기화된 경기 침체 속에서 다시 인적자본이 아닌 사람들의 가치생산으로서의 노동과 그것이 맺는 관계성에 주목할 필요가 있다. 신자유주의가 필요노동자들을 양산했다면 그 경계바깥의 노동이 개별기업가의 이윤의 확대재생산논리가 아니라 실존적 항거에 나서고 있듯이 세계 곳곳에서 어떤 대안적 사유와 저항의 공간이 열리고 있다면 그 동력은 어디서 비롯되는지 주시할 필요가 있다.

'물은 아래로 흐르며 선후를 다투지 않는고로 지체하지 않고 잘 달리는 것水下流不爭先, 故疾而不遲, 《淮南子》'이라 하였다. 자기를 낮추고 함께 동행하기, 지구자연과 인간, 인간과 인간의 공거를 구도하는 실천연대가 절실한 시점이다.

참고문헌

도나 해러웨이, 김상민 역, 「인류세, 자본세, 대농장세, 툴루세 - 친족 만들기」, 『문
　　화과학』 97, 2019.

미셸 푸코, 『생명관리정치의 탄생 - 콜레주드프랑스 강의 1978~79년』, 난장, 2012.

서동진, 「신자유주의 분석가로서의 푸코 - 미셸 푸코의 통치성과 반정치적 정치의
　　회로」, 『문화과학』 57, 2009, 162~173쪽.

신영복, 『담론 - 신영복의 마지막 강의』, 돌베개, 2015.

채효정, "필수 노동자", 참세상, 2020.11.16.
　　http://www.newscham.net/news/view.php?board=news&nid=1
　　05546

Butler, Judith, "Capitalism Has its Limits, Judith Butler discuss the COVID-19
　　pandemic, and its escalating political and social effects in America",
　　VERSO 30 March, 2020.

Baroud Ramzy and Romana Rubeo, "Will the Coronavirus Change the
　　World? On Gramsci's 'Interregnum' and Zizek's Ethnocentric
　　Philosophy", COUNTER PUNCH 29 April, 2020.
　　https://www.middleeastmonitor.com/20200423-will-the-co-
　　ronavirus-change-the-world-on-gramscis-interreg-
　　num-and-zizeks-ethnocentric-philosophy/

7

팬데믹, 국가, 집합주의

이기웅

들어가는 말

이 책에 실린 글 '뉴 노멀을 넘어－팬데믹에 대한 인도네시아의
대응과 정동'에서 멜라니 부디안타는 코로나바이러스 팬데믹이
"판도라의 상자를 열었다"고 말했다. 2020년 초부터 본격 확산되
기 시작한 Covid-19는 적어도 현재 생존해 있는 사람들에게는
일찍이 경험한 바 없는 강력하고 광범위한 재난이었다. 많은 논평
가들이 언급했듯이 코로나바이러스는 지금까지 그 어떤 혁명가도
달성하지 못한, 세계의 작동을 일거에 멈추고 오랫동안 당연시되
어온 생활방식을 중단케 하는 위력을 발휘했다. 그 결과 세계는
지금까지와는 전혀 다른 모습으로 보이게 되었다. 인류의 삶을 쥐
락펴락하던 강대국과 초국적자본은 바이러스의 공격에 그 무력함

을 여지 없이 드러냈고, 국가와 사회에 관한 신자유주의의 도그마는 그 허구성이 백일 하에 노정되었다.

이러한 국면에서 팬데믹 이후 세계에 대한 전망과 제안이 봇물 터지듯 쏟아져 나왔다. 원톄쥔溫鐵軍은 현존 글로벌 질서가 아시아, 유럽, 북아메리카의 '삼각형' 권역 블록으로 재편성될 것을 전망하면서, 지역과 농촌의 강화를 통해 "다시 자연 깊숙이 뿌리내(릴 것)"원톄쥔, 2020 : 73을 제안했다. 반다나 시바Vandana Shiva는 생명의 가치에 근거한 '지구 민주주의', '살림 민주주의', '삶의 문화'를 새로운 민주주의의 가치로 제시하면서, 생산자와 소비자, 인간과 자연의 근접성과 상호성에 기반을 둔 '순환경제'를 대안적 경제 모델로 주창했다반다나 시바, 2020. 슬라보예 지젝Slavoj Žižek은 자본주의 논리의 외부에서 작동하는 글로벌-로컬 거버넌스로서 생태주의적으로 재구성된 새로운 공산주의를 포스트팬데믹 세계를 위한 상상으로 제시했다슬라보예 지젝, 2020. 이들이 지향하는 목표 지점은 상이하지만 이 모든 시나리오는 근대적 인간-자연 이분법을 비판하고, 현재의 지배적 질서인 신자유주의적 지구화의 극복을 전제한다는 공통점을 지닌다.

사실 이들의 전망과 제안은 특별한 것이라 할 수 없다. 이들이 공통으로 의존하는 '생태정치' 혹은 지역 경제에 근거한 탈성장의 정치는 기후위기에 대응하는 정치 패러다임으로 등장하여, 팬데믹 발발 이후 널리 일반화된 대표적 포스트팬데믹 정치 담론이다.

코로나 위기가 장기화되고 그 충격파가 애초의 예상보다 훨씬 심대한 것으로 드러나면서 "절대 과거로 돌아갈 수 없다"는 신념이 확산되었다. 그리고 이는 코로나 이후 미래의 설계를 중대하고 긴급한 정치적 과제로 만들었다. 그러나 2021년 백신 접종 국면으로 접어들면서 팬데믹 정치 지형은 크게 변화된 양상으로 전개되었다. 이전 시기에 활발하게 진행된 대안적 미래에 대한 모색은 '정상적' 과거로의 회귀에 관한 열망으로 대체되었다. 접종이 본격화하면서 코로나바이러스의 확산세가 가라앉자 백신의 개발을 주도하고 소유권을 독점한 서구의 선진국들은 팬데믹 초기 대응 실패로 무너졌던 권위와 위상을 회복하는 듯했다. "과거로 돌아갈 수 있다"는 낙관주의가 만연하면서 대안 담론의 확산에도 어느 정도 제동이 걸렸다. 그러나 사태의 전개는 단순하지 않았다. 서구에서 백신 접종이 활발히 이루어지는 동안 지구 상의 다른 지역들에서는 델타, 델타플러스, 람다 등 새로운 변이들이 속속 등장했고, 이는 다시 전세계로 확산하여 엄청난 파괴력을 과시하고 있다. 백신 개발과 함께 시작된 희망과 낙관주의는 다시금 끝을 알 수 없는 불확실성으로 빠져들었다. 바이러스를 무찌를 수 있을 것이라는 기대가 좌절되면서 바이러스와의 공존을 뜻하는 '위드 코로나'의 암울한 전망이 떠오르고 있다_{정재훈, 2021}.

결국 관건은 이 모든 사태의 원인으로 지목되는 자본주의적 근대 혹은 그 현재적 형태인 신자유주의적 글로벌 질서의 극복으로 모아진다[Vidal, 2020]. 사실 신자유주의 체제는 팬데믹 이전부터 기후 위기와 부의 양극화 등 동시대의 가장 중대한 문제들에 책임이 있는 것으로 인식되었다. 단, 1990년대 이래 압도적 위력을 행사해 온 이른바 "TINA[there is no alternative]" 담론, 즉 신자유주의 지구화 외의 대안은 없다는 믿음에 가로막혀 대안적 세계 구상을 위한 노력이 충분히 성장하기 어려웠을 뿐이다[Munck, 2003]. 코로나바이러스 팬데믹은 신자유주의의 취약성을 적나라하게 폭로함으로써 그것이 지속불가능할 뿐 아니라 극복 가능하다는 신호를 지속적으로 전파해왔다. 재택근무, 화상수업, 해외여행의 중단, 전국민 재난지원금이라는 이름의 기본소득 실험 등 팬데믹 이전 세계에서는 상상에만 그쳤던 많은 일들이 현실화되었고, 그렇게 해도 세상은 문제 없이 돌아간다는 점을 많은 사람들이 몸으로 경험했다. 이러한 상황은 다음과 같은 질문을 던지게 만든다. 팬데믹은 근본적이고 긍정적인 변화를 위한 출발점이 될 수 있을 것인가? 신자유주의적 글로벌 체제는 실제로 파국을 맞았고 그 한계를 노정하고 있는가? 팬데믹 이후의 미래를 위하여 우리는 현재의 상황에서 무엇을 배울 수 있을 것인가?

신자유주의의 종언?

한 언론 보도에 따르면 코로나바이러스는 자본주의 역사상 가장 크고 급격한 경기위축을 초래했다Roubini, 2020. 일자리는 사라지고 자영업은 붕괴하고, 금융, 항공, 관광, 문화산업 등 수많은 부문의 기업들이 정부의 지원으로 연명하는 상황이 조성되었다. 이는 매우 역설적인 현상이다. 1980년대 신자유주의가 글로벌 경제의 지배 이데올로기로 부상한 이래, 지구상 대부분의 나라는 자유시장경제의 구호 하에 국가를 적대시하고 정부의 기능을 축소하기에 여념이 없었다. 이러한 흐름을 주도한 것은 국가의 개입 및 규제의 제거를 통해 이윤을 극대화하려는 자본이었다. 그러나 위기상황이 발발하기 무섭게 그들은 국가의 지원을 촉구하며 정부기관의 지원금을 타기 위해 줄을 선다. 이런 일은 이번이 처음인 것도 아니다. 멀리 거슬러 올라갈 것도 없이, 지난 2008년 미국 발 금융위기에서도 정확히 이와 같은 상황이 연출되었다. 그러나 위기의 충격이 어느 정도 완화되는 순간부터 '작은 정부'와 규제완화의 목소리는 다시금 커지고, 위기 극복을 명분으로 공적 서비스의 축소, 노동시장 유연성의 증대, 노동조합 권한의 축소 등 경제의 신자유주의적 재구조화가 일종의 정형화된 패턴처럼 반복된다.

이러한 상황에서 팬데믹의 피해는 더욱 광범위하게 사회화된다. 공적 의료의 축소와 고용안정의 저하로 인하여 대다수의 인구에게 팬데믹은 감염의 위험과 경제적 빈곤이라는 이중적 고난으로 다가온다. 팬데믹 초기 마스크 등 보호 장비의 공급이 제대로 이루어지지 않은 미국과 유럽 등 신자유주의 모범국가들에서 이러한 위협은 더욱 극적으로 현실화되었다. 팬데믹의 파고가 정점으로 치닫던 2020년 4월, 미국은 독일로 향하던 마스크를 방콕 공항에서 강탈하고, 가수 리한나Rihanna가 바베이도스로 보내려던 환기장치를 불법적으로 몰수하는 사건을 연달아 일으켰다Chazan, 2020; Wright, 2020. 이 두 개의 사건은 오리엔탈리즘의 오랜 지배 속에서 신화화된 서구 사회의 감춰진 민낯을 여지 없이 드러내 보여줬다. 여기서 특히 놀라운 것은 미국의 탐욕이나 불법행위가 아니라 무능이었다. 미국 혹은 서구의 도덕성 문제에 관해서는 오랫동안 비판과 고발이 이어져 왔기 때문에 그리 새삼스러울 것은 없었다. 그러나 그들의 능력에 대해서만은 의심의 여지가 없는 것으로 받아들여져 왔다. 팬데믹에 대한 방역에서 드러난 이들 국가의 무능은 이런 점에서 더욱 충격적이었다. 근대 세계의 발생 이래, 서구는 인류가 직면한 모든 문제에 대해 답을 갖고 있는 것으로 여겨졌다. 지금도 많은 비서구권 국가들은 자국의 사회문제에 대해 서구의 경험을 살펴보는 것으로 문제의 해결을 시작한다. 팬데믹은 이런 오랜 관행에 짙은 의문부호를 찍었다. 단적으로 미국, 영국, 스웨덴 등 서구 주요 국가들이 코로나 방역대책으로 채택한 '집단면역'은 이들 국가의 대응력 부재를 드러냈고, 실제로 수많은 인명 피해가 초래되었다. 나아가 이러한 정책적 행보는 늙거나 병약한 '시장 부적격자'들을 자연적으로 제거함으로써 재정부담의 완화를 꾀하려 한다는 의심을 사기도 했다[Aschwanden, 2020; Frey, 2020]. 이는 이들 정부의 완고한 신자유주의 노선을 고려할 때, 충분히 타당한 의심이다.

팬데믹 초기에 "바이러스는 빈부를 구별하지 않는다", "우리 모두는 한 배를 타고 있다" 등의 슬로건이 확산되기도 했다. 그러나 시간이 지나면서 이들 슬로건의 의미가 무엇인지가 분명히 드러났다. 감염병으로부터 스스로를 보호할 수 있는 사회집단의 능력에는 차이가 있다. 사회의 최하층에는 자가 격리도, 재택근무도 할 수 없는 이른바 '대체 가능' 노동력이 광범위하게 존재한다. 미국의 경우 코로나 감염으로 인한 사망자의 절대 다수가 빈곤층, 유색인종, 소수민족이라는 연구가 다수 발표되었다[Kendi, 2020; Lerner, 2020]. 이와 관련하여 종종 간과되는 것은 여기에 젠더 요인이 중첩되어 있다는 점이다. 이들 '대체 가능' 노동력의 상당수는 여성이다. 뿐만 아니라, 여성이 대부분을 차지하는 전업주부 및 가사노동자의 경우 락다운이나 재택근무 상황에서 증대된 가정폭력의 위협에 노출되기도 있다[추지현, 2020; 멜라니 부디안타, 2021a].

팬데믹은 신자유주의 고유의 개인주의 이데올로기에 대해서도 그 한계를 드러냈다. 신자유주의 통치성의 요체는 자기이익에 따라 결정하고 행동하는 주체다. 마가렛 대처의 유명한 경구 "사회는 존재하지 않는다. 개인과 그의 가족만이 존재할 뿐이다"는 신자유주의의 핵심적 신념을 설파하는 주문呪文, mantra 으로 널리 인용되어 왔다. 문제는 팬데믹과 같은 지구적, 총체적 재난 상황에서 개인의 힘으로 할 수 있는 일이 거의 없다는 점이다. 경제의 붕괴를 막고, 방역정책을 수립 및 집행하고, 사회적 약자를 구제하기 위해서는 '사회', 혹은 그것의 제도적 구현인 국가의 존재가 절대적으로 요구된다. 지난 30~40년 동안 무모할 정도로 국가를 해체해온 몇몇 나라들과 달리 국가의 체계와 기능을 유지해온 나라들은 팬데믹 국면에서 월등한 위기대응 능력을 보여줬다. 오랫동안 적대시되고 주변화되었던 국가는 재난 상황에서 화려하게 재등장한 것이다.

팬데믹과 아시아적 집합주의

팬데믹 초기 방역 전쟁의 승자는 한국, 중국, 대만, 싱가포르, 베트남 등 아시아 국가들이었고, 패자는 미국, 영국, 프랑스, 이탈리아 등 북미와 유럽 나라들이었다. 이러한 성적표는 많은 사람을 당혹스럽게 했고, 특히 흔들리지 않는 지배적 지위를 유지해온 북미와 유럽 나라들을 충격에 빠트렸다. 일부는 이를 국제정치의 헤게모니 이동Wintour, 2020; Saad-Filho, 2020의 징후로 해석했고, 일부는 유교적 전통에 근거한 아시아적 집합주의로 이해하기도 했다[Escobar, 2020]. 여기서 후자는 부정적 함의가 포함된 것이었다. 아시아적 집합주의라는 표현에는 언제나 지역적 특수성, 정치적 권위주의, 문화적 낙후성 등의 그림자가 따라붙는다. 사실 상당수의 아시아계 학자들은 아시아 문화에 대한 이런 식의 단순화에 대해 오랫동안 저항해왔다. 그런데 팬데믹은 집합주의에 대한 재고찰과 재평가를 요구하는 계기로 작용했다. 특히 지배적 이념 / 정동인 개인주의의 한계가 노정된 상황에서 이에 대한 필요성은 갈수록 증대하고 있다.

호프스테드[Hofstede, 2001]에 따르면 집합주의란 "사람들이 출생부터 강력하고 응집력 있는 집단에 통합되어 무조건적 충성의 대가로 개인들을 평생토록 보호하는 사회"로 정의된다. 이러한 정의를 현대의 아시아 사회에 일괄적으로 적용할 수는 없다. 아시아에는 문화와 근대화의 정도가 다양한 나라들이 혼재해 있고, 같은 나라의 경우에도 도시와 농촌 지역의 집합주의 수준은 상이하기 때문이다. 그럼에도 불구하고 호프스테드의 개념은 일종의 이념형으로서 집합주의의 정도를 측정하는 모델로 많이 사용되고 있다. 프엉린 딘과 쩐 땀 호[Dinh and Ho : 2020]는 베트남의 방역 성공을 집합주의의 문화적 전통에 입각해 설명한다. 베트남은 2020년 7월 현재 확진자의 수를 500명 이하로 유지하고 있는데, 이 중 지역 감염자는 0에 가까울 정도로 효과적인 통제가 이루어졌다[Dinh and Ho, 2020, 508].

딘과 호가 특히 주목하는 것은 베트남 정부의 미디어 활용과 풀뿌리 관리체계the grassroot management system다. 이에 대해 저자들은 집합주의라는 이름으로 통칭하고 있지만 이들의 논의에는 두 개의 상이한 집합주의가 결합, 병치, 공존하는 모습이 나타난다. 하나는 미디어 활용에서 나타나는 하향적, 국가주의적 집합주의다. 저자들은 정부가 미디어를 효과적으로 활용함으로써 팬데믹에 대한 집합적 대응을 가능케 했다고 주장한다. 주지하듯 베트남의 미디어는 국가의 통제 하에 있고, 베트남 국가는 디지털 미디어를 포함한 전면적 검열 체제를 구축하여 '부정확한' 정보의 유통을 철저히 봉쇄한다. 그런데 이처럼 단일하고 일방향적인 정보 유통은 아시아 국가들 사이에서도 일반적인 것으로 보기 어려우며, 이를 베트남적 특성, 나아가 아시아적 특성으로 단정하는 것도 성급한 논리적 비약일 것이다.

반면 이와 함께 제시되는 풀뿌리 관리체계는 집합주의의 사례로서 보다 긍정적인 평가를 할 수 있다. 풀뿌리 관리체계는 비공식적 지역공동체 거버넌스 체계로서 마을의 대소사를 논의하고 관리하는 자발적 조직을 지칭한다. 베트남 정부는 감염병 예방에 이들 조직의 자발적 참여를 유도함으로써 행정력의 부족을 보완하고 지역의 토착 자원을 활용할 수 있었다. 이는 멜라니 부디안타가 주목한 아래로부터의 공동체 이니셔티브와 유사한 형태를 지니는데멜라니 부디안타, 2021b, 둘 사이의 결정적 차이는 베트남의 경우 디지털 수단을 통한 지역사회 간 횡적 연결이 결여되어 있다는 점이다. 횡적 연결이 결여된 베트남의 풀뿌리 관리체계가 국가와의 직접적 관계 속에서 그 정책 수행의 대리인 역할로 축소될 위험이 항존하는 반면, 인도네시아의 캄풍 거버넌스는 국가 행정이 미치지 못하는 곳에서 공동체의 삶을 자율적으로 조직하고 규제하는 평행적parallel 정치체로 작동한다.

　이러한 점은 이른바 아시아 집합주의에 대한 보다 섬세하고 경험적인 접근을 요구한다. 앞서 거론한 호프스테드의 정의는 집합체에 대한 맹목적 순응과 개별 자아의 미발달을 전제함으로써 전체주의 혹은 국가주의적 해석으로 빠지기 쉽다. 이에 반해 트루비스키 등은 이러한 위험성에서 상대적으로 자유로운 개념을 제시한다. 이들에 따르면 집합주의는 "개인의 이익보다 집단의 필요, 목적, 이익 등을 더욱 중시하는 경향"Trubisky et al., 1991 : 67을 가리킨다. 이들은 개인주의와 집합주의를 대비시켜 양자의 특징을 보다 명확히 보여줄 목적으로 이 개념을 발전시켰다. 이런 점에서 이들의 개념은 팬데믹 국면에서 나타난 집합주의와 개인주의의 차이를 포착하는데 호프스테드의 개념보다 더 유용한 통찰을 제공할 수 있을 것으로 보인다. 여기서 초점은 집합주의를 민주주의와 인권 등의 가치에 대립하는 부정적인 것으로 프레이밍하는 편향과, 집합주의 내의 다양한 갈래를 무시하고 하나의 범주로 뭉뚱그리는 편향 양자를 모두 회피하는 것이다. 이를 위해서는 국가주의적 집합주의와 공동체 기반의 집합주의가 그 내용과 형식, 정치적 함의에서 상이한 것으로 구별되어야 한다.

팬데믹으로 인한 집합주의의 재발견은 애초 이른바 '집합주의적' 정치문화를 지닌 국가들이 감염병 대응에 성공적이었다는 사실에서 비롯되었다. 그러나 델타변이의 등장 이후 폭발적 확산세를 보이고 있는 베트남과 여타 아시아 국가들의 최근 상황을 볼 때, 더 이상 이러한 전제를 유지하기는 어려울 듯하다. 그럼에도 불구하고 마스크 착용을 둘러싼 사회적 태도의 차이는 집합주의와 개인주의가 방역에 결합하는 상이한 방식을 단적으로 보여준다. 서구 사회에서 마스크 착용 문제가 엄청난 사회적 비용과 에너지 소모를 초래하는 갈등으로 번번이 비화하는 반면, 아시아에서 그런 경우는 일부 개인의 일탈을 제외하고는 좀처럼 나타나지 않는다. 마스크 착용에 반대하는 집단이나 개인이 '개인의 자유'를 주된 명분으로 내세우는 점은 방역에 관한 입장 차이가 어디에서 유래하는지 확인할 수 있게 한다Lu et al., 2021; Yong, 2021. 백신 접종 국면에 접어든 이후에도 마스크는 여전히 방역수단으로서의 중요성을 유지하고 있다. 팬데믹의 장기화가 거의 기정사실화되고 있는 상황에서 마스크 착용에 저항이나 거부감이 적은 집합주의 문화는 확실히 방역에서 이점을 가질 수 있을 것으로 보인다. 그러나 이러한 도구주의적 접근은 여기서 그 중요성이 상대적으로 덜하다. 현재의 가장 긴급한 정치적 과제가 신자유주의의 극복이라면 여기에는 그것의 파괴적 개인주의를 극복하는 것 또한 중대한 문화정치적 의제로 제기된다. 공동체 기반의 집합주의는 여기서 코로나 이후 사회의 대안적 가치체계 수립을 위한 하나의 자원으로 검토되고 재구성될 수 있어야 할 것이다.

참고문헌

멜라니 부디안타, 「비상시국 - 팬데믹 시기의 여성과 예술」, 백원담 · 이기웅 · 멜라
니 부디안타, 『뉴 노멀을 넘어 - 팬데믹에 대한 인도네시아의 대응과 정
동』, 소명출판, 2021a.

멜라니 부디안타, 「흐름의 전환 - 미래 마을문명의 구축」, 백원담 · 이기웅 · 멜라니
부디안타, 위의 책, 2021b.

반다나 시바, 「분리와 연결 - 바이러스와의 전쟁은 왜 실패할 수밖에 없는가?」, 안
희경, 『오늘부터의 세계 - 세계 석학 7인에게 코로나 이후 인류의 미래를
묻다』, 메디치, 2020.

슬라보예 지젝, 『팬데믹 패닉』. 북하우스, 2020.

원톄쥔, 「중심과 주변 - 위기 이후 어떤 세계화가 도래할 것인가?」 안희경, 위의 책.

정재훈, 「"코로나 끝"은 없다…고위험군 접종완료까지 거리두기 감내해야」, 『한겨
레』 2021.8.16.

추지현, 「시공간에 대한 상이한 감각」, 추지현 편, 『마스크가 말해주는 것들』, 돌베
개, 2020.

Aschwanden, "The false promise of herd immunity for COVID-19", *Nature*
21 Oct, 2020.

Dinh, Phuong Linh and Than Tam Ho, "How a collectivistic society won
the first battle against COVID-19 : Vietnam and their 'weapons'",
Inter-Asia Cultural Studies 20(4), 2020, pp.506~520.

Escobar, P., "Confucius is winning the Covid-19 war", *Asia Times* 13 Apr,
2020.

Frey, I., "Herd immunity is epidemiological neoliberalism", *The Quarantimes*
19 Mar, 2020.

Hofstede, G., *Cultured Consequences* (2nded.), ThousandOaks : Sage, 2001.

Kendi, IX, "What the racial data show", *The Atlantic* 6 Apr, 2020.

Lerner, S., "Coronavirus numbers reflect New York City's deep economic divide", *The Intercept* 9 Apr, 2020.

Lu, J. G., P. Jin, and A. S. English, "Collectivism predicts mask use during COVID-19", *PNAS* 118(23), 2021, pp.1~8.

Munck, R., "Neoliberalism, necessitarianism and alternatives in Latin America : There Is no alternative (TINA)", *Third World Quarterly* 24(3), 2003, pp.495~511.

Roubini, N., "Coronavirus pandemic has delivered the fastest, deepest economic shock in history", *The Guardian* 25 Mar, 2020.

Saad-Filho, A., "From COVID-19 to the End of Neoliberalism", *Critical Sociology* 46(4-5), 2020, pp.477~485.

Trubisky, P, S. Ting-Toomey, and S-L Lin, "The influence of individualism-collectivism and self-monitoring on conflict styles", *International Journal of Intercultural Relations* 15(1), 1991, pp.65~84

Vidal, J., "Human impact on wildlife to blame for spread of viruses, says study", *The Guardian* 7 Apr, 2020.

Wintour, P., "Coronavirus: Who will be winners and losers in new world order?", *The Guardian* 11 Apr, 2020.

Wright, B., "US accused of stealing ventilators from Barbados as coronavirus spreads in the Caribbean", *NewsOne* 6 Apr, 2020.

Yong, E., "How the pandemic now ends", *The Atlantic* 12 Aug, 2021.

.